管理者过度自信与企业资本结构动态调整

林慧婷 著

中国财经出版传媒集团
经济科学出版社
Economic Science Press

图书在版编目（CIP）数据

管理者过度自信与企业资本结构动态调整/林慧婷著.
—北京：经济科学出版社，2018.3
ISBN 978 -7 -5141 -9058 -8

Ⅰ.①管… Ⅱ.①林… Ⅲ.①企业管理 - 资本结构 - 企业结构调整 - 研究 Ⅳ.①F275.1

中国版本图书馆 CIP 数据核字（2018）第 035742 号

责任编辑：谭志军
责任校对：隗立娜
责任印制：王世伟

管理者过度自信与企业资本结构动态调整
林慧婷 著
经济科学出版社出版、发行 新华书店经销
社址：北京市海淀区阜成路甲 28 号 邮编：100142
总编部电话：010 -88191217 发行部电话：010 -88191522
网址：www.esp.com.cn
电子邮件：esp@esp.com.cn
天猫网店：经济科学出版社旗舰店
网址：http://jjkxcbs.tmall.com
北京季蜂印刷有限公司印装
880×1230 32 开 6 印张 180000 字
2018 年 3 月第 1 版 2018 年 3 月第 1 次印刷
ISBN 978 -7 -5141 -9058 -8 定价：25.00 元
（图书出现印装问题，本社负责调换。电话：010 -88191510）

前　言

资本结构一直是公司财务研究领域中的一大难题。近些年来，由于静态权衡理论的发展受到了众多理论的挑战，权衡理论的支持者们进一步发展了动态权衡理论，为企业时间序列上的资本结构特征提供了新的解释。该理论认为，企业存在最优的资本结构，在最优水平下企业可以实现价值最大化。企业向目标水平进行调整的速度和方式取决于对资本结构调整成本与调整收益的权衡。现有研究从宏观经济环境、制度背景、行业特征、企业特征等多种视角研究了影响企业资本结构调整成本与调整收益的重要因素，极大地丰富了该领域的研究。但已有研究都建立在管理者理性的研究假设之上，而对于管理者非理性认知对企业资本结构动态调整影响的研究十分匮乏。在行为金融学的相关研究中，管理者的非理性特征受到了广泛关注。其中，管理者由于多年身居高位和成功经历导致的过度自信在企业决策中的影响十分突出。管理者是企业决策的制定者和引导者，他们自身的个人特征会体现在企业的决策中，而管理者过度自信的心理特征也不例外。那么，管理者过度自信的非理性特征是否会对企业的资本结构动态调整产生影响？如果存在，二者的内在作用机理如何？最后，针对管理者非理性特征在企业决策中的不良影响，又如何寻求缓解之策？

带着对上述问题的思考，笔者展开了本课题的研究。本书的前半部分主要是在资本结构动态调整理论的框架下，分析过度自信的心理特征如何影响管理者对资本结构调整收益和成本的权衡，并分别从调整速度和调整方式两个方面检验影响后果和影响过程。通过对资本结构和行为金融学等领域相关文献的梳理和回顾，笔者发现过度自信的管理者往往会高估企业未来收益和价值，认为外部融资成本过高，同时还低估了企业可能会面临的破产风险。这就造成了他们对企业资本结构调整成本与调整收益的错误估计，容易做出次优的资本结构动态决策，导致企业价值损失。因此，管理者过度自信不仅能够影响企业的资本结构动态调整，而且产生了负向的经济后果。书中对此进行了实证检验，从而解答了管理者过度自信怎么影响以及如何影响资本结构动态调整的问题。

本书的后半部分则主要寻求缓解管理者过度自信对企业决策不良影响的解决机制，并为此提供经验证据。从企业自身出发，既然过度自信的管理者可能会造成资本结构决策的失误，那么在公司内部则应加强董事会对管理者的监督和约束，限制管理者权力的大小，从而削减他们对资本结构决策的不良影响。一方面，限制管理者权力可以降低过度自信管理者对企业决策的绝对影响力，另一方面也能避免管理者因位居高位而滋生控制幻觉，这为缓解过度自信管理者对资本结构动态决策的不良影响提供了可行的内部解决机制。此外，外部环境也是影响个人决策的重要因素。如果市场环境能够对管理者的决策有及时的反馈，过度自信的管理者就可以在此过程中有所学习，进而修正个人的错误认知。产品市场竞争为企业提供了这样的环境，管理者的决策会及时反馈到企业的市场份额和业绩中，为管理者提供信息反馈。同时，产品市场竞争还为企业间提供了业绩可比的平台，减少了信息中的噪音，提高了反馈信息的准确性。再者，产品市场竞争有利于企业建立基于相对业绩评价的管理者薪酬体系，让反馈信息直接与管理者个人利益挂钩，保证了信号传递的强度，使管理者修正个人认知偏差成为可能。因此，本书进一步从产品市场竞争的视角提供了缓解管理者过度自信的外部解决方案。

本书涉及的三个问题之间存在紧密的内在联系。在资本结构动态权衡理论的分析框架之下，本书研究了过度自信管理者对企业资本结构动态决策的作用效果和影响机理。在此基础上，又分别从企业自身和外部经营环境两个方面寻求了降低过度自信管理者对资本结构动态决策负向影响的解决机制。前者是从限制管理者权力、加强对过度自信管理者监督和管束的角度出发，降低个人偏好对企业决策的不良影响；后者则侧重于从完善市场竞争机制，及时提供市场信息反馈的视角，寻求修正管理者认知偏差，进而改善资本结构决策的方法。由此可以看出，它们之间并不是相互割裂、互不相关的独立个体，而是具有层层递进的统一逻辑。

本书的主要研究结论有如下几点：首先，管理者过度自信显著降低了企业的资本结构调整速度，这种影响在低于目标资本结构组和高于目标资本结构组时均成立。进一步对管理者过度自信在选择调整方式上的偏好进行检验发现，过度自信的管理者更倾向于采用内部资金实现调整的方式，而不愿意采用外部融资方式。具体表现为，在低于目标资本结构组时更愿意采用负权益融资的方式调整，而在高于目标资本结构组时则更愿意采用偿还有息负债的方式实现调整。其次，对管理者权力的限制可以缓解管理者过度自信对资本结构调整速度的负向影响，但只在高于目标资本结构时发挥作用，而在低于目标资本结构时不显著。具体而言，在管理者权力型企业，过度自信管理者所在企业的资本结构向下调整速度更慢，并且管理者权力越大，作用越强；相反，在非管理者权力型企业，过度自信管理者所在企业的资本结构向下调整速度更快，并且管理者权力越小，速度越快。在资本结构调整方式上，对管理者权力的限制则增加了过度自信管理者所在企业通过偿还有息负债实现向下调整的概率，从而揭示了管理者权力越小，过度自信管理者所在企业调整速度越快的作用路径。最后，产品市场竞争的增强有利于缓解管理者过度自信对调整速度的负向影响，但仅在高于目标资本结构时发挥作用，而在低于目标资本结构时的作用不明显。这可能是因为只有在高于目标资本结构下，产品市场竞争对管理者传递的信号压力较大时，才足以修正管理者过度自信的认知偏差。此外，在调整方式上则发现，产品市场竞争对过度自信管理者所在企业调整速度的提高，主要依赖于通过负权益融资和偿还有息负债两种方式增加管理者过度自信。

本书的创新点主要包含以下几点：

第一，突破管理者理性的假设前提，结合行为金融理论，首次从管理者过度自信的视角研究了管理者非理性心理对企业资本结构动态决策的影响，从而拓宽了资本结构动态调整的研究视角。同时，也从资本结构动态调整方面丰富了管理者过度自信对企业财务决策的影响研究。

第二，将管理层权力理论引入对管理者过度自信与资本结构动态决策的研究中，强调了限制管理者权力有利于减少过度自信管理者对企业决策产生不良影响的关键作用，为企业从公司内部寻求克服管理者过度自信提供了可行的解决机制。

第三，将产业组织理论的内容纳入管理者过度自信与资本结构动态调整的统一分析框架中，强调产品市场竞争在管理者过度自信纠偏中的重要作用，为管理者个人及时纠正主观认知偏差，完善公司资本结构动态决策提供了有利的外部引导条件。

由于笔者才疏学浅，难免有不当之处，诚盼读者批评指正。

目录

图 表 目 录

第 1 章

导　　论

1.1 研究背景与研究意义

资本结构一直是现代公司金融研究中备受争论的话题。自从MM理论问世以来，大量研究围绕现实中最优资本结构是否存在等问题展开了激烈的争论。近年来“动态权衡理论（the dynamic trade-off theory）”为资本结构横截面和时间序列的特征提供了新的解释视角。该理论认为企业会趋向目标资本结构，而调整速度的快慢取决于调整成本（Leary and Roberts，2005）。已有的实证文献也检验到企业确实存在长期的最优资本结构，并且每年以高于20%的速度向最优资本结构调整（Fama and French，2002；Flannery and Rangan，2006；Lemmon，Roberts and Zender，2008）。此外，动态权衡理论对已有的融资优序理论和市场择时理论进行了反驳，认为它们只是企业根据当前调整成本的大小做出的选择，对资本结构产生的影响只是暂时的（Flannery and Rangan，2006）。企业资本结构动态调整得到了越来越多学者们的关注。

然而，以往对资本结构决策的研究都建立在经理人理性的前提假设上，他们对企业未来的情况具有理性的预期，所有决策都是为了实现个人利益方程最大化。大量心理学实验对这一假设提出了质疑，现实中人们并不总是按照理性人的行为方式决策。其中，心理学实验发现人们普遍倾向于过度自信，大部分人相信自己优于平均水平，尤其是在管理者身上的表现更为突出（Debondt and Thaler，1996）。管理者是企业行为的重要决策人，他们的行为特征和心理偏差会体现到企业的决策中（Bertrand and Schoar，2003）。已有文献关注到管理者过度自信对企业投资、负债水平、股利支付以及企业价值等方面的影响，但对资本结构动态调整的问题尚未涉及。管理者过度自信主要体现为过于相信个人能力和私有信息的准确性，高估企业未来收益，低估未来风险。因此，过度自信的管理者在对资本结构的调整收益和成本的认识上存在偏差，从而影响了资本结构调整速度。此外，过度自信的管理者更偏向于内源融资，认为外部市场对企业价值的低估抬高了融资成本。这种融资偏好会进而影响对调整方式的选择。

既然过度自信的管理者可能会造成资本结构决策的失误，那么就企业自身而言，一定要在内部治理中加强对过度自信管理者的监督和约束，减少他们对资本结构决策的不良影响。管理者权力代表的是管理者在企业决策中执行个人意愿的能力。管理者拥有的权力越高，个人偏好在决策中的体现越多，对企业的影响越大。因此，如果能在权力上制衡过度自信的管理者，限制他们在资本结构决策上所拥有的话语权，就能削弱过度自信管理者个人主观认知偏差带来的负向影响，从而优化企业的资本结构决策。再者，对管理者权力的限制还有利于防止管理者产生控制幻觉，降低产生过度自信心理倾向的可能。这为企业从自身出发降低过度自信管理者负向影响提供了可行的解决机制。

此外，外部环境也是影响个人决策的重要因素。如果市场环境能够对管理者决策有及时的反馈，过度自信的管理者可以在此过程中有所学习，从而修正个人的错误认知。产品市场竞争就是提供了这样的环境，管理者的决策会及时地反馈到企业的市场份额和业绩中，为管理者提供信息反馈。同时，产品市场竞争还为企业间提供了业绩可比的平台，减少了信息中的噪音，保证反馈信息清晰、准确。再者，产品市场竞争有利于企业建立起随相对业绩评价变动的管理者薪酬体系，让反馈信息直接与管理者个人利益挂钩，保证了信号传递的强度，使管理者修正个人认知偏差成为可能。可见，产品市场竞争为本书寻求缓解管理者过度自信提供了外部治理方案。

现有研究中虽有管理者过度自信影响企业投融资的相关研究，但管理者过度自信对资本结构动态决策的影响却尚未被关注，此外如何缓解管理者过度自信对企业决策的不良影响在已有研究中也鲜有涉及。基于以上的分析，本书将尝试研究以下三个问题：

首先，既然过度自信的管理者无法正确认识资本结构的调整成本与调整收益，那么他会如何作用于企业的资本结构动态决策，作用机理是什么？

其次，为了缓解过度自信的管理者对资本结构动态决策的不良影响，是否可以从管理者权力的视角寻求解决机制，对管理者权力的制衡是否可以优化过度自信的管理者所做的资本结构动态决策？

最后，产品市场竞争是否可以向管理者传递市场信号，改善管理者过度自信的认知偏差，从而及时完善资本结构动态决策，降低过度自信管理者的不良影响？

本书考察过度自信的管理者对资本结构动态决策的影响，主要分别从调整速度和调整方式两个角度出发进行检验。调整速度主要关注的是企业进行资本结构动态调整的效果，而调整方式则主要揭露了调整过程中的作用路径，因此可以全面地反映企业进行资本结构调整的动态全过程。此外，在进一步寻求缓解管理者过度自信的解决机制时，本书不仅关注了管理者权力和产品市场竞争对过度自信管理者所在公司调整速度的改变，而且也再次检验了它们对过度自信管理者在选择调整方式过程中的影响，进而揭示了它们对过度自信管理者所做资本结构决策的内在影响机理。

本书研究的三个问题不仅存在着紧密的内在联系，而且存在着递进关系。在资本结构动态权衡理论的分析框架之下，本书研究了过度自信管理者对企业资本结构动态决策的作用效果和影响机理，在此基础上又分别从企业的内部治理和外部经营环境两个方面寻求了降低过度自信管理者对资本结构动态决策负向影响的解决机制。前者是从加强对过度自信管理者的监督和管束，从而降低个人偏好对企业决策不良影响的角度出发，后者则侧重于及时修正管理者认知偏差的视角，通过完善市场竞争机制，加快信息反馈的途径改善资本结构决策。由此可以看出，本书的三个问题之间并不是相互割裂、互不相关的独立个体，而是具有层层递进的统一逻辑关系。

本书的理论意义和现实意义在于：

(1) 理论意义。

首先，从管理者心理特征的角度拓宽了资本结构动态调整的研究视角，丰富和发展了资本结构理论。以往对资本结构动态调整的研究都暗含了管理者理性的假设，而现实中管理者的非理性是普遍存在且不容忽略的。本书从心理学实验中人类最稳定的心理发现——过度自信入手，结合资本结构动态调整理论的经典分析框架，为管理者的非理性认知对资本结构动态调整的影响提供实证依据，从而弥补了已有文献对经理人非理性认知偏差的忽视，为动态权衡理论的发展提供了有益的补充。同时，将管理者过度自信引入资本结构动态调整行为的研究中来，无疑也扩展了心理学在公司财务研究中的应用，有利于行为金融理论的发展。

其次，从管理者权力的角度，对如何缓解管理者过度自信不良影响的问题进行了初步探索。这为降低管理者过度自信的负面作用提供了有效的内部解决机制，进而丰富了管理层权力与行为金融学方面的研究。同时，以往文献主要关注限制管理层权力对于缓解代理问题的作用，而本书则提供了对管理层权力的约束在弱化管理者过度自信对资本结构决策负向影响方面的经验证据，因而本研究为全面认识管理层权力的影响提供了有益的补充。

最后，从产品市场竞争的视角寻求了如何克服管理者过度自信的外部诱导机制。本书的研究探讨了在不同外部市场竞争环境下，管理者过度自信对资本结构动态调整的作用效果，从而丰富了行为金融领域的相关文献。同时，产品市场竞争作为一种外部治理机制能够有效降低代理成本的作用已经得到了一致认可，而本书的研究则发现产品市场竞争机制还有利于降低管理者的行为成本，对管理者过度自信的心理偏差存在一定的修正作用。因此，本书的研究同样也丰富了产品市场竞争领域的相关文献。

（2）现实意义。

首先，有利于投资者关注管理者的非理性行为，对他们更好地理解企业的资本结构决策具有较强的启示意义。心理认知偏差会使企业趋向目标资本结构的决策偏离最优，投资者如何正确理解企业的再融资、股利分配等行为，需要考虑管理者的心理特征。本书对管理者过度自信与资本结构动态调整作用机理的分析可以为投资者理解管理者非理性心理对企业决策的影响提供一定的启示和参考，从而减少噪音交易，提高资本市场效率。

其次，有助于企业降低管理者过度自信带来的消极影响，进一步优化资本结构决策，实现企业价值的提升。过度自信的管理者对调整收益和调整成本的认知偏差会对资本结构决策产生不良影响，进而影响企业价值。这种影响在实践中往往被忽略，而书中的研究将会提高企业对管理者非理性特征的关注。同时，结合管理者权力对二者关系的再探讨，对于企业自身寻求优化过度自信管理者的资本结构决策，加强对管理者权力的监督和约束，避免管理者在企业经营中搞“一言堂”现象具有一定的指导意义。

再次，有助于政府相关部门制定有效的产业政策，打破行业壁垒，培育公平、公正的产品市场竞争环境。本书探讨市场竞争下管理者过度自信对动态调整的影响，有利于让政府意识到充分的市场竞争对公司能否做出最优的财务决策至关重要。只有让市场在企业竞争中发挥决定作用，才能让管理者在经营过程中及时根据市场反馈调整和修正个人的错误认知，对企业有更合理、准确的定位与评价，进而优化企业决策，促进企业发展。

最后，对于完善企业晋升机制、优化人力资源管理具有较强的启示意义。Goel and Thakor（2008）发现过度自信的经理人在晋升中往往获得比理性经理人更多的机会。考虑到过度自信的管理者可能会带来资本结构调整的扭曲，造成企业价值的损失，人力资源管理的过程中应该重视管理者的心理特征，认真评估非理性特征对企业决策带来的影响，谨慎设置科学的晋升机制。

1.2 研究思路

本书主要借鉴资本结构动态调整理论的经典分析框架，从管理者过度自信的视角探讨管理者心理认知偏差对企业资本结构动态调整的影响。我国改革开放30多年以来，在经济领域中涌现出很多成功的企业家，他们手中掌握着企业重要的决策权。由于拥有多年的成功经验，加上我国传统文化对绝对权威的强调，管理者出现过度自信倾向的现象较为严重，因此我国的经济发展和文化背景为探讨管理者过度自信的研究提供了很好的素材。资本结构决策是公司财务研究的重点话题，动态权衡理论认为企业存在最优的资本结构，而企业趋向目标资本结构的速度取决于调整成本和调整收益的权衡。拥有资本结构决策权的管理者，如果存在过度自信的认知偏差，那么他们会低估企业面临的风险，高估企业外部融资成本，从而无法正确权衡调整成本和调整收益，造成资本结构决策扭曲，最终影响到资本结构动态调整的效果，即调整速度。同时，对于调整速度的关注还不足以全面考察管理者过度自信对资本结构动态调整的影响。对资本结构动态调整的研究还应该包括实现调整的方式，这在已有的文献中往往被忽略。当企业的资本结构偏离目标水平时，不同的偏离方向下企业可以选择的调整方式不同。高于目标资本结构时，企业可以通过偿还债务和发行新股的方式实现下调，而低于目标水平时，则可以通过增加债务和现金分红的方式实现上调。由于过度自信的管理者在融资方式上存在不愿意进行外部融资的偏好，因而他们对调整方式的选择也会不同。基于以上分析，本书将考察管理者过度自信的心理偏差对资本结构调整速度和调整方式带来的影响。

接下来，如何缓解管理者过度自信对资本结构动态决策的不良影响是本书关注的重点。对企业自身而言，管理者权力的大小决定了管理者在企业经营中执行个人意愿的能力，当过度自信的管理者拥有过高权力时，就可凌驾于董事会之上，对企业决策拥有最终话语权。在这种情况下，过度自信管理者所做的资本结构动态决策就难以避免管理者认知偏差带来的负向影响。相反，当管理者权力得到合理制衡时，过度自信的管理者难以将个人意愿强加到企业决策中，董事会对企业决策将拥有最终的决策权，此时过度自信管理者对企业决策的负向影响将得到缓解。同样，资本结构动态决策受过度自信管理者的影响预期也会降低。基于此，本书检验了管理者权力对过度自信管理者所在企业的资本结构动态调整速度和调整方式的影响，为限制管理者权力是否能够优化过度自信管理者所在企业的资本结构动态决策提供实证支持。

最后，产品市场竞争是企业经营活动所面临的重要环境，各项企业决策的最终结果会体现在企业的市场份额和业绩中。因而，产品市场竞争可以向管理者反馈信息，这为过度自信的管理者修正个人主观认知偏差提供了有利条件。尤其在激烈的产品市场竞争环境下，企业的各项决策会对企业绩效产生迅速而直接的影响，加快信息反馈的速度。同时产品市场竞争还为企业间业绩比较提供了信息平台，减少了信息中的噪声，进而防止过度自信的管理者将决策失误归咎于外部客观因素。此外，基于相对业绩比较形成的薪酬体系，也为企业在产品市场竞争中的表现和高管薪酬之间构建了联系。来自市场竞争的信号传递直接与高管个人利益挂钩，增强了市场反馈信息对管理者过度自信的纠偏强度。针对以上分析，本书将进一步结合企业面临的不同产品市场竞争状况研究管理者过度自信对资本结构动态调整速度和调整方式的影响。

本书总体的研究思路如图 1－1 所示：

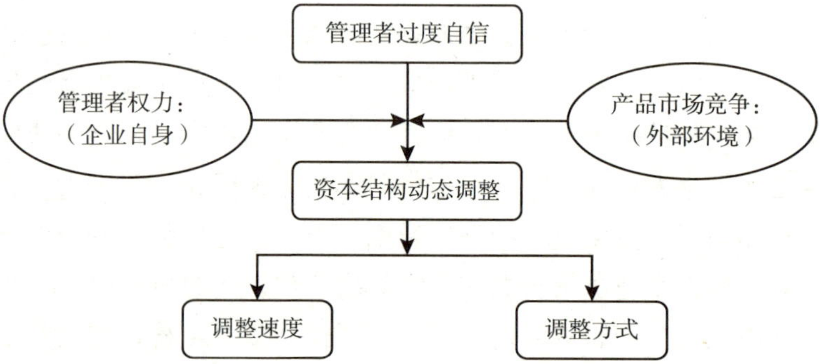

图 1－1　研究思路

1.3 结构安排

本书的内容安排如下：

第 1 章是导论部分。介绍相关的研究背景和研究意义，论述本书整体的研究思路、结构安排以及创新之处。

第 2 章是文献综述。首先回顾了管理者过度自信与公司决策相关的研究，接下来对资本结构动态调整领域的文献进行了详细的梳理，包括主要的理论基础、资本结构调整速度的估算，以及影响资本结构调整的重要因素等方面，从而了解相关领域最新的研究进展以及目前研究中所面临的挑战，最后在此基础上进行了简要的评述。

第 3 章检验管理者过度自信如何影响资本结构动态调整。本书在估算了目标资本结构的基础上，对管理者过度自信是否会影响企业资本结构动态调整速度进行了检验，同时还区分了资本结构的调整方向检验是否存在不同的影响。此外，为了揭示管理者过度自信对资本结构调整效果的影响路径，又进一步分别检验了在高于和低于目标资本结构时，过度自信管理者在调整方式上的选择偏好。

第 4 章从企业自身出发，考察了对管理者权力的限制是否具有降低管理者过度自信对资本结构调整速度负向影响的作用。进一步，书中探究了管理者权力如何影响过度自信管理者在调整方式上的选择，进而影响企业的资本结构调整速度。

第 5 章从产品市场竞争的视角检验了其是否能够向管理者提供强有力的信息反馈，进而降低管理者过度自信对资本结构调整速度的负向影响，同样书中还区分了调整方向。在此基础上，书中进一步检验了产品市场竞争对过度自信管理者在选择向上调整方式和向下调整方式上的影响，揭露影响最终调整速度的作用路径。

第6章是研究结论与启示，总结了全书的主要研究结论，结合管理者权力和产品市场竞争的实际情况展开了进一步的解释和讨论。在此基础上，指出了本书研究中存在的局限性。

研究结构安排如图1－2所示：

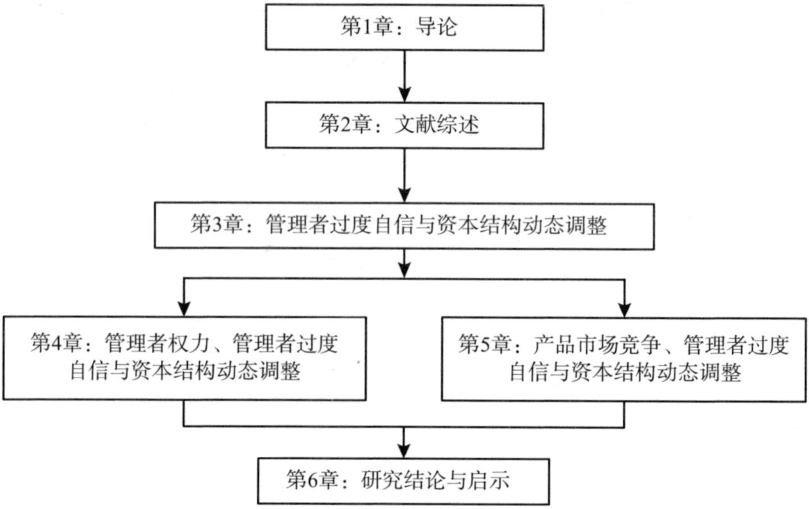

图1－2　研究结构

1.4 主要创新

本书的创新主要体现在以下三个方面：

第一，突破管理者理性的假设前提，结合行为金融理论，首次从管理者过度自信的视角研究了管理者非理性心理对企业资本结构动态决策的影响，从而拓宽了资本结构动态调整的研究视角，丰富了资本结构动态调整的研究内容。同时，也从资本结构动态调整方面丰富了管理者过度自信对企业财务决策的影响研究，为行为金融学的研究提供了有益补充。

第二，将管理层权力理论引入对管理者过度自信与资本结构动态决策的研究中来，强调了对管理者权力加强约束可以避免管理者过度自信对企业决策造成扭曲的关键作用，为企业从自身出发寻求缓解管理者过度自信负面影响的内部机制提供了可行思路。

第三，将产业组织理论纳入管理者过度自信与资本结构动态决策的统一分析框架中，强调产品市场竞争在管理者过度自信纠偏中的重要作用，为管理者个人及时纠正主观认知偏差，完善公司资本结构动态决策提供了有效的外部解决机制。同时，也拓宽了产业组织理论在公司财务研究中的应用。

第 2 章

文 献 综 述

本章第一节从企业融资决策、投资决策和股利分配三个方面对管理者过度自信如何影响企业财务决策进行了梳理。第二节综述了动态权衡理论的发展历程，梳理近年来该领域的重要突破。主要包括如何估算目标资本结构与调整速度，哪些因素是影响资本结构动态调整的关键。最后，对已有文献进行了简要的述评。

2.1 管理者过度自信与企业财务决策

心理学研究发现，人们的认知在不确定性条件下难免会受到个人心理特征的影响。因此，人们对未知事件的判断和决策过程不总是符合经济学中有关理性经济人的假定，而是容易受到诸如情绪和偏好的干扰，表现出理解和处理信息的能力有限，普遍存在系统性认知偏差等特征。在所有的认知偏差中，过度自信被认为是心理学实验中发现的人们在判断决策中最稳固的心理特征（Debondt and Thaler，1994）。关于过度自信的定义，至今没有统一的定论，根据已有的研究可以将其概括为，人们普遍高估自己的知识和判断能力，认为个人优于平均水平，从而高估了个人拥有信息的准确性和成功概率（Frank，1935；Larwood and Whittake，1977；Gervais et al.，2011）。

过度自信的人常常表现出以下一些特征，例如：相信自己优于平均水平，在估计事件的概率时给出过窄的置信区间（Ben－David et al.，2007），并且高估高概率事件的发生概率，低估低概率事件发生的概率，因此难以准确估计事件发生的可能性（McClelland and Bolger，1994）。同时，过度自信的人总认为好事情发生在自己身上的概率更高，表现出过度乐观的态度（Weinstein，1980；Kunda，1989）。在解释成功与失败时，过度自信的人更容易将成功事件的原因归于自己，而将失败归于运气（Miller and Ross，1975），甚至出现后见之明的特点，过分地认为自己具有先知先觉的能力等。正是因为具有以上特征，过度自信的人难以利用个人信息做出最优判断和决策。

管理者是企业决策的重要制定者，在经营过程不可避免地面临着复杂的判断和决策环境。已有研究发现多年位居高位或成功经验会使管理者由于控制幻觉和自我归因的加强而表现出更高水平的过度自信（Camerer and Lovallo，1999；Moore and Kim，2003）。此外，Goel and Thakor（2008）也提到企业高管的晋升依赖于以往的业绩，由于过度自信的高管低估了风险，往往接受了较高的风险项目，也就存在获得较高收益的可能性，因而过度自信的人更有可能晋升为高管。可见，管理者中存在过度自信特征的概率较高，这种心理偏差将会对企业各项决策产生重要影响，因此受到了众多学者的关注。近些年来，对于管理者心理认知偏差的识别为相关研究更好地解释企业行为提供了新的契机。有关管理者过度自信的研究不断涌现。根据已有的研究，本节主要从管理者过度自信对公司财务三大决策——融资、投资和股利分配的影响方面分别进行梳理。

2.1.1 管理者过度自信与企业融资

与理性的管理者相比，过度自信管理者的显著特征为高估企业盈利和现金流，低估企业风险，这会影响他们在企业融资决策上的选择。目前，这方面的研究主要围绕着管理者过度自信与债务水平、债务期限以及优序融资三个话题展开讨论。以下是对这三个方面文献的梳理：

（1）管理者过度自信与债务水平。

对于管理者过度自信对企业债务水平影响的研究，无论是理论模型还是实证检验，基本上都得到了过度自信的管理者负债更高的结论。理论研究方面，Shefrin（2001）提出的观点是过度自信的管理者由于过高估计了未来收益，为了避免新股东对未来收益的分享，他们相对于发行股票更愿意通过增加债务进行融资，以获取更高的剩余收益，因而会抬高企业的负债。Hackbarth（2008）则从不同角度证明了此结论，他认为过度自信的管理者会对企业未来利好事件发生概率的高估和对未来风险的低估，还会造成他们低估企业发生财务危机的概率和财务困境成本的大小，为了享受更多的债务税盾收益，管理者会选择较高的负债水平。此外，Fairchild（2005）尝试从信息不对称的角度解释了该问题，文中认为过度自信的管理层为了向市场传递自身能力较高的信号更倾向于过度负债。Hackbarth（2009）的研究进一步将管理者过度自信或乐观的认知偏差进行了区分，文中发现不论是成长观念偏差（高估收益的增长率），还是风险观念偏差（低估未来收益的波动性），经理人对未来盈利水平的高估和对未来风险的低估，都会使他们认为企业发生财务危机的概率很小，因而根据权衡理论的推导，相应地增加企业的负债水平。可见，无论是过度自信的管理者高估了收益，还是低估了风险，或是为了向市场传递信号，都有可能造成企业负债水平偏高。

在实证检验方面，面临最重要的挑战是如何准确度量管理者过度自信，在这方面学者们进行了多种尝试，最终得到了管理者过度自信与负债水平呈正相关关系的一致性结论。Oliver（2005）使用密歇根大学发布的消费者情绪指数（公众对当前及预期的经济状况的个人感受）来度量管理者过度自信，利用1978～2004年美国500强上市公司的经验数据检验了管理者过度自信对企业杠杆的影响，发现二者呈显著正相关关系，并且该结论对账面杠杆和市场杠杆均稳健；Barros和Silveira（2007）依赖于通过经理人是企业家还是外聘，以及是否持有50%以上股份对管理者是否过度自信进行了区分，当经理人为企业家，或持有50%以上股份时，他们认为这样的管理者具有过度自信的可能性较大，他们利用以上指标检验了1998～2003年巴西的上市公司，再次支持了过度自信的管理者所在企业负债水平更高的观点。我国学者余明桂等（2006）尝试用企业景气指数度量管理者过度自信，同样证实了以上结论。以上研究虽然发现了过度自信的管理者所在企业负债水平更高，但在过度自信指标的度量上仍然过于简单粗糙，或者无法准确定位到企业层面的管理者，指标过于笼统，或者是主观臆断性较强，Malmendier和Tate（2008）对此进行了改进，尝试利用高管个人拥有的价内期权的延长行权以及商业期刊的评价来衡量管理者是否过度自信，实证发现当存在资金缺口时，过度自信的经理人比理性经理人多发放了0.33倍的负债，但其进入外部资本市场的频率明显偏低。Ben－David等（2007）利用调查数据发现实际股票市场回报率落入CFO估算的80%的置信区间的可能性只有38%，说明CFO中存在过度自信倾向的现象，文中借此检验发现过度自信的CFO因为认为市场低估了企业的股票价值，在融资决策中更偏好债务融资。在此基础上，Gombola 和 Marciukaityte（2007）进一步专门选取了成长性企业进行比较，发现债务融资和权益融资后股票市场的反应差异不大，由此可以排除管理者借助投资者情绪进行市场择时的干扰。

近年来，还有一部分研究关注了管理者性别对企业债务融资政策的影响，并借助过度自信的心理特征给予了解释。Graham 等（2013）借助心理学测试对高管的心理特征和态度进行了问卷调查，该问卷的发放涉及了多个国家和地区的 CEO，文中证实了经理人比平常人更乐观，风险厌恶水平更低。其中，高管为男性的经理人更是如此，并且会选择更高水平的负债，而原因在于男性高管更倾向于过度自信（Barber and Odean，2001）。Huang 和 Kisgen（2013）同样证实了男性高管相对于女性高管而言，会表现出过度自信的特征，他们会给出更窄的盈利预测区间，并更倾向于滞后行使期权，而通过以往研究的分析，这些特征都是存在过度自信心理偏差的表现，并且会促使男性高管发行更多的债券。因此，通过以上的研究再次验证了过度自信的管理者所在企业债务水平更高。

（2）管理者过度自信与债务期限。

过度自信的管理者对于企业收益的高估、对未来风险的低估必然也会影响企业的债务期限结构，但过度自信的管理者更愿意短期负债还是长期负债并没有得到一致性结论。Harckbarth（2008）的研究中提到过度自信的管理者不仅在时间序列上表现出较高的负债水平，同时会较早地借新债还旧债，表现出债务平均期限较短的特征。Landier 和 Thesmar（2009）利用法国上市公司数据发现过度自信的管理者在投资项目上过于乐观，低估债务风险，认为总会有足够的现金流偿还债务，因而他们会选择更多的短期负债；Graham 等（2013）发现过度自信的管理者对当前企业的盈利状况十分乐观，甚至认为未来业绩会更好，因而促使企业选择了更多的短期负债。余明桂等（2006）利用中国上市公司的数据发现，过度自信的管理者在债务期限结构中影响较大，他们选择了更多的短期负债。但也有文献发现过度自信的管理者更愿意选择较长期限的负债，Ben－David 等（2007）认为过度自信的管理者对企业未来现金流偿付利息的能力充满信心，更愿意承担长期债务，并且他们通过实证检验支持了该结论。

（3）管理者过度自信与优序融资。

Myers 和 Majluf（1984）最早提出了优序融资理论，他们认为在信息不对称和交易成本存在的前提下，权益融资会传递企业经营的负面信号，而且外部融资要支付各种交易成本，并且受限制较多，因而企业一般会遵循特定的融资顺序，即先内源融资、再债务融资，最后权益融资。行为金融学中也研究了企业的优序融资行为，但给出了不同的解释。Heaton（2002）是最早研究管理者过度自信与企业优序融资行为的文献。文中在理论模型中假设当不存在信息不对称和道德风险时，过度自信和乐观的经理人过高估计了公司开展的项目，因而无论是公司发行的债券还是股票，过度自信的经理人都认为会被外部投资者系统性地低估，尤其是股票的价格对外部投资者的低估更为敏感，导致融资成本增加。因而，当面临融资选择时，企业会更愿意内部融资，其次会选择债务融资，最后选择权益融资，并且管理者乐观程度越高，优序融资的行为越明显，从而从行为金融的角度提供了对 Myers 和 Majluf（1984）有关优序融资理论不同的解释。Harckbarth（2008）在已有研究的基础上区分了管理者过度自信不同的认知偏差，对二者关系进行再分析。结果发现当过度自信的管理者存在成长性观念偏差时，会高估盈利增长率和企业价值，将外部融资视为较高成本的融资方式，尤其是外部股权融资对投资者与管理者认知偏差的敏感度较高，因而管理者认为企业股票价格被外部资本市场低估的程度更高，在这种情况下，当企业需要外部融资时会表现出明显的融资优序倾向，他的这种观点与 Heaton（2002）基本一致。但另一方面，文中也提到当存在风险观念偏差时，他们在融资时相对于举债更倾向于权益融资。由于对风险的低估，过度自信的管理者会认为债务融资被市场低估，而权益的凸性，却让他们认为市场高估了股票价值，此时权益融资成本较低，优于债务融资，从而表现出相反的融资偏好。

但实证经验数据都支持了管理者过度自信表现出更为明显的优序融资行为。Graham 和 Harvey（2001）首先借助问卷调查数据为管理者过度自信能够解释优序融资的行为提供了实证依据。乐观的管理者系统性高估了企业未来利好状况的概率，而认为投资者低估了企业的经营状况，尤其是风险性证券对管理者与投资者的主观信念更为敏感，因而被低估的程度更大，当企业需要融资时，首先表现出对内部融资的依赖，当缺乏内部融资时，则优先使用债券。Lin 等（2007）搜集了 1989～2004 年台湾上市公司发布的盈余预测与高管持股情况，用来衡量管理者过度自信。检验发现债务融资与资金缺口的正向关系在管理者过度自信时进一步增强，从而支持了 Heaton（2002）的理论。Malmendier 等（2011）改进了已有研究中对过度自信管理者的衡量方式，为了排除长期持有股权衡量方式中拥有内部消息的影响，他们采用管理者持有价内股票期权至到期日以及商业周刊对管理者的评价作为过度自信的替代指标进行检验，发现对企业价值的高估以及对外部融资成本的高估，使过度自信的管理者更倾向于内部现金以及无风险负债等方式融资，而由于股票对于未来现金预期的敏感性最高，因而体现出优序融资的特点。此外，文中还提到管理者特征对公司财务决策的影响，并发现薪酬契约与治理机制在统一管理者与股东偏好和利益方面的局限性。江伟（2010）在研究我国上市公司内外部融资偏好问题时发现董事长过度自信倾向越严重，越偏向内源融资来满足投资需要。

2.1.2 管理者过度自信与企业投资

（1）管理者过度自信与投资水平。

过度自信导致了管理者在评估投资项目时，高估了项目的净现值，从而导致企业的投资水平常常高于最优投资水平，进行了更多不好项目的投资（Statman and Tyebjee，1985）。Ben－David等（2007）也认为过度自信的管理者在评价投资项目时使用较低的折现率，因而他们所在的企业投资水平常常较高。文中在理论分析的基础上，借助美国上市公司CFO的预测偏差来度量过度自信并为该理论提供了实证支持。郝颖等（2005）发现在我国的制度背景下，过度自信的高管所在企业有可能产生过度投资行为。姜付秀等（2009）发现过度自信的管理者容易过度投资扩张，加大了财务困境风险。

然而，也有研究认为管理者过度自信会降低投资效率，当企业现金流充裕时，会造成过度投资，而在现金流过少时又容易导致投资不足。Heaton（2002）认为过度自信的管理者更偏向于内部融资，因而在现金不足时，更有可能因为外部融资成本过高的原因而放弃有价值的项目，造成投资不足；而在投资机会不多而现金充足之时，高估项目收益，选择了更多较差的投资项目，从而造成投资过度。这两种情况都对企业价值产生了不利影响。大量实证研究发现，对内源融资的偏好会使过度自信管理者的投资更加依赖于自由现金流，表现出更高的投资现金流敏感度（Malmendier and Tate，2005；Lin et al.，2005；Lin and Wei，2007）。Glaser等（2008）的研究还发现对于融资约束较强的企业更是如此。王霞等（2008）进一步区分了融资活动与经营活动产生的现金流，发现过度自信的管理者所在企业的投资对经营活动产生的现金流不敏感，对融资活动产生的现金流更敏感。

此外，管理者过度自信的程度不同对企业投资的影响也会不同。Goel 和 Thakor（2008）认为理性和风险厌恶的 CEO 普遍存在投资不足的问题，不利于股东价值最大化，而适度水平的过度自信有利于缓解 CEO 投资不足的问题；但极度的过度自信却使管理者过于相信个人信息，缺乏更多的信息搜集，容易造成企业过度投资，导致企业价值损失。叶蓓和袁建国（2008）的研究中也发现，管理者适度自信能够发挥减少代理成本、提升企业价值的作用，但超过一定水平后，过度自信的管理者导致的非效率投资要超过其正面影响，最终损害企业价值。

（2）管理者过度自信与并购。

并购可以使企业以较快的速度控制竞争对手的资源或进入新的行业，实现企业扩张，是实践中常见的投资方式。但并购相对于企业内部扩张的方式而言具有更高的风险和不确定性，因此理性的管理者在选择并购的投资方式时往往比较谨慎，而过度自信的管理者则由于常常低估未来风险而有不同的表现。Roll（1986）最早发现过度自信的管理者高估了并购带来的预期协同作用，容易为目标并购公司支付过高的价格，造成公司价值下降。Malmendier 和 Tate（2008）构建了理论模型，分析发现在经理人与股东利益一致的假设下，过度自信的经理进行了更多价值损失的并购。尤其内部资金充足时，并购可能性更高。此外，与理性 CEO 发布的并购公告相比，过度自信管理者得到了更低的预期收益。Aktas 等（2006）从并购决策的方面研究了学习过程对过度自信管理者带来的影响。过度自信的管理者一旦在竞争中存活下来，他们的认知偏差会在学习过程中得到修正，降低企业进行并购的频率，也减少了并购过程中对企业价值的破坏。

Hayward 和 Hambrick（1997）发现管理者过度自信会导致较高

的并购溢价。而当董事会的监督作用不能充分发挥时，CEO 过度自信与并购溢价的关系更加强烈。Malmendier 和 Tate（2008）实证检验支持了过度自信的 CEO 更可能在并购中过度支付，导致企业价值损失，而且他们发布的并购公告前后市场超额收益比理性 CEO 低 70% 以上。Brown 和 Sarma（2007）以及 Doukas 和 Petmezas（2007）分别运用澳大利亚上市公司和英国上市公司的并购交易为考察对象，同样发现了以上结论。姜付秀等（2009）发现过度自信管理者与企业并购之间的关系在我国上市公司中并不显著。此外，Liu 和 Taffler（2009）考察了管理者过度自信与企业并购后业绩的关系，结果显示不论是并购公司还是目标公司的 CEO，如果存在过度自信，会显著降低并购企业短期及长期业绩，大公司更是如此。

2.1.3　管理者过度自信与股利分配

过度自信的管理者往往在项目投资上表现出过度投资的倾向，而外部融资的成本又被他们所高估，因而对内部资金的偏好也导致公司不愿意发放现金股利。Ben - David 等（2007）在理论分析的基础上，又调查了美国公司过度自信的 CFO 在股利分配方面的特征，结果发现与理性 CFO 相比，他们发放了更少的股利；Deshmukh 等（2013）认为考虑到未来的投资，过度自信的管理者会为企业预留更多的现金，因而相比较理性的管理者而言，他们支付股利的水平较低，但对快速成长的企业而言，这种影响则相对较弱。此外，股价对于不同管理者做出的红利变化公告的反应也不同，文中以管理者长期持有价内期权以及主流媒体评价两种方式来替代管理者过度自信，检验了 1980 ~ 1994 年美国公司过度自信的管理者在发放股利方面的特征，研究表明过度自信会促使管理者支付更低的股利。对于过度自信的CEO所在的企业而言，股利比率与增长机会之间的负相关性减弱，而市场对过度自信的CEO增加股利的公告所做出的积极反应要显著低于理性CEO发布的公告。Burg等（2012）则发现管理者过度自信对企业整体支付比例影响不大，因为他们只是显著影响了企业的支付方式，文中认为Deshmukh等（2013）的研究期间内由于股票回购还不盛行，因而忽略了企业股票回购行为带来的影响。文中认为过度自信的管理者高估了个人经营企业的能力，认为企业被市场所低估，而股票回购可以借机将更多的利益从短期持有者身上转移到长期的投资者，因而与理性的管理者相比，会从事更多的股票回购而不是分红，他们利用S&P500家公司1992~2010年CEO变更事件对这一问题进行了检验，发现过度自信的管理者增加了企业股票回购的支付行为，减少了现金股利的发放，但对企业的整体支付影响并不显著。

2.2 资本结构动态调整

2.2.1 动态调整理论的发展

近年来，随着资本结构理论研究的逐步深入，静态权衡理论受到了多种理论的挑战与质疑，例如现实中存在以下“异象”：在静态权衡理论下理应具有相似资本结构的公司实际差别很大，公司负债水平过低，举债普遍保守（Graham，2000），公司获利能力和负债水平负相关等。可见静态权衡理论远远不能为资本结构提供完整的解释（Frank and Goyal，2008），权衡理论的支持者们试图对已有的静态权衡理论进行拓展和修正，在公司存续多期的事实基础上发展动态的资本结构权衡模型。

动态权衡理论在考虑静态权衡理论提出的税收收益和破产成本的基础上，囊括了以往其他理论研究提出的诸如交易成本、逆向选择、代理冲突等问题，试图为企业的资本结构分析构建一个统一的理论框架（Leary and Roberts，2005；Hennessy and Whited，2005；Ju et al.，2005；Strebulaev，2007；Morellec et al.，2012）。

不同于 Myers（1984）提出的优序融资理论、Baker 和 Wugler（2002）提出的择时理论以及 Welch（2004）提出的管理层惰性理论，动态权衡理论的核心观点是公司关注目标资本结构，会以较快的速度趋近目标资本结构，而调整速度的快慢取决于调整成本（Leary and Roberts，2005）。调整成本的提出很好地将企业的优序融资、择时行为以及股价波动因素囊括到动态权衡理论的分析框架下，为这些因素对企业资本结构带来的持续影响提供了解释。由于调整成本会随着企业特征和市场条件的变化而变化，企业出现优序融资，或是择时现象和管理层惰性等，只是企业根据当前情况下调整成本的大小做出的短期选择，企业在长期窗口下均表现出了趋近目标资本结构的调整倾向。Kayhan 和 Titman（2007）的研究中证实了短期内资金缺口、市场时机和股价波动均会导致公司资本结构的变化，但长期内企业会采取措施调整资本结构，因此它们的影响不具持续性，从而支持了动态权衡理论。可见，动态权衡理论的提出为已有的其他资本结构理论提供了较为一致的解释。由于动态权衡理论明确强调了趋近目标水平的调整行为，因而又被称为资本结构动态调整理论。

在 20 世纪 80 年代，代理问题是资本结构研究领域中的核心话题，而动态权衡理论受到的关注较少。由于构建动态权衡模型中存在着较多的技术难题，早期的研究中建立了一系列前提假设，限制了由模型推导所得结论的适用性。最早的动态权衡理论模型中假定不存在调整成本，Kane 等（1984）建立了考虑不确定性、税和破产成本的连续时间模型，分析了企业在多期存续下资本结构的动态调整行为。企业会根据债务税盾收益和破产成本权衡最优的资本结构，而当企业面临资本结构冲击时，由于假定资本结构调整不存在成本，因而企业会瞬间调到最优资本结构。由于现实中调整成本普遍存在，以上研究的假设并不合理。Myers（1984）提出如果企业是由于调整成本过高而偏离了最优资本结构，那么我们就应该花费更多的精力去研究调整成本的问题，它们如何影响了经理人的决策。Fischer 等（1989）对此进行了尝试，在已有模型的基础上首次引入了交易成本，文中假设调整行为的发生存在上界和下界，目标资本结构是一个围绕中心值上下波动的区间，因而当企业的资本结构受到冲击时，公司将会允许资本结构“漂移”（drift）一段时间，只有达到或超过上下界限时，公司才会进行调整。交易成本的引入为现实中各企业间资本结构的差异提供了很好的解释。同时，也解释了盈利能力与债务水平负相关的现象，因为当企业连续盈利时，也会造成资本结构的持续下降，而由于考虑到调整成本，只有达到临界值以下时，企业才会上调资本结构。

资本结构理论由于在随后的一段时间内都朝着信息不对称的方向迅速发展，动态权衡理论并没有引起足够的重视。直到最近，学者们才重新开始讨论这一问题。早期的动态权衡理论模型中都假定公司的现金流是外生的，与融资无关。近些年来，随着学者们对动态权衡理论的关注增多，逐渐放松了这一假设，开始在模型中内生化投资决策，使资本结构动态调整模型的发展更接近于企业融资决策的现实。Hennessy 和 Whited（2005）构建了包含企业投资、融资和分配过程的动态模型，公司的资本结构与投资决策均为内生变量，并受所得税、股利分配政策、财务困境成本和股价波动等因素的影响。他们的理论分析表明，资本结构存在路径依赖和滞后，盈利能力强的公司更倾向于低负债，从而反驳了企业存在目标资本结构的结论；Tserlukevich（2008）则在模型中假定融资方不存在摩擦，而投资具有不可逆性，同时需要花费固定成本，在这样的条件下，文中依然可以得到资本结构均值反转、负债率与盈利能力负相关等结论。DeAngelo 等（2011）对伴随着企业投资的债务水平变化进行了解释，文中认为除了外生冲击和调整成本能够引发企业资本结构的偏离之外，还有公司为了满足大规模但不频繁的投资需要有意地发行短期债务，偏离目标资本结构，而在投资需要较弱或投资处于回收期时再趋向目标资本结构。

此外，还有部分学者在模型中引入了代理问题，尝试为不同企业间资本结构动态调整差异提供补充性解释。Titman 和 Tsyplakov（2007）发现容易发生财务困境、股东和债权人冲突较弱的企业调整速度更快。Morellec 等（2012）将股东经理人之间的代理冲突引入了动态权衡模型，他们的模拟结果表明，由于债务约束效应的存在，债务对经理人的成本是债务对股东成本的 3 倍，股东与经理之间的代理冲突会降低公司目标资本结构水平以及资本结构调整倾向与调整速度，这也间接地解释了“低负债之谜”。

虽然学者们针对动态调整的模型进行了不同的改进，强调了来自不同方面的调整成本，得到了不同的研究结论，然而，企业的动态调整以及调整成本在其中的重要性则在已有的理论模型中得到了一致的肯定。动态权衡理论在帮助我们理解资本结构均值反转、保留盈余的作用以及调整路径依赖等问题上已逐渐显示出优势。尤其是近些年来，动态资本结构调整的研究越来越有前途（Frank and Goyal，2008），将投资、现金流和代理问题等都纳入统一的分析框架下，为企业资本结构横截面和时间序列上的特征提供了较为一致的解释，从而成为资本结构研究领域的主流理论。

2.2.2 资本结构动态调整速度

要估算调整速度，第一步是要采取合理的方法计算目标资本结构。Jalivand 和 Harris（1984）是早期进行资本结构动态调整实证检验的代表人物之一，文中假定影响最优资本结构的公司特征在研究区间内保持不变，因而采用研究期间内资本结构的长期均值作为目标资本结构，研究了 1966～1978 年美国公司的资本结构，发现企业长期趋向目标资本结构的行为。同时，企业规模、股票价格以及贷款利率是决定调整速度的关键因素。但现实中企业特征会不断变化，目标资本结构不可能长期恒定不变，所以这种方法并不能反映真实情况。Fischer 等（1989）以研究期间内负债率区间即最高负债率减去最低负债率的差值作为资本结构调整部分，同样发现资本结构动态调整因企业特征不同而改变。由于早期实证计量技术尚不成熟，对于目标资本结构的估算还存在很大缺陷，得到的相关实证结论也只局限于公司特征与目标调整行为之间的关系。近期随着动态权衡理论以及动态面板数据处理技术的发展，调整速度的估算得以实现，因而涌现出很多相关的实证研究。

Hovakimian 等（2001）通过两步法来研究动态调整，放松了目标资本结构在研究期间内固定的假设。首先估算目标资本结构的预期值，然后以融资决策为被解释变量，利用与目标值的偏离作为解释变量来研究公司的动态调整。结果发现当低于目标水平时，公司增加负债或股票回购的意愿越强。尤其当企业盈利状况较好时，就越倾向于通过这两种方式来消除盈余冲击带来的资本结构偏离；而当高于目标时，公司倾向于减少债务，由此可以支持企业的资本结构向目标水平进行调整的趋势。之后的研究例如 Fama 和 French（2002）、Korajczyk 和 Levy（2003）、Flannery 和 Rangan（2006）、

Kayhan 和 Titman（2007）等，在此基础上对模型进行了改进，将第二步的因变量替换为资本结构的变化，自变量为资本结构的偏离，由此来测量企业资本结构的调整幅度，即调整速度。

对调整速度的估算是检验动态权衡理论的重点，但遗憾的是估算的调整速度并不是很快，Leary 和 Roberts（2005）从调整成本的构成上对这一问题进行了解释。文中实证检验了企业的调整成本大多包含固定成本加变动成本，正是由于成本构成的特点决定了企业的调整方式和调整速度，企业并不是不存在调整行为，只是需要权衡调整成本与收益。长期来看，企业明显表现出动态调整，总是将资本结构维持在目标区间之内。但由于调整成本过高，趋向目标水平的速度过慢或者只存在长期目标资本结构调整趋势时，动态调整对资本结构的解释力则会大幅度下降。目标资本结构是否具有解释力取决于调整速度的快慢，当调整速度过慢时，目标资本结构对于资本结构决策的解释就不再重要。Welch（2007）认为当调整成本相对于收益极高，并且相较于其他因素，最优资本结构并未在资本结构调整中发挥主要作用时，那么动态权衡理论就会缺乏实际解释力。可见，估计调整速度是检验资本结构竞争理论的关键。

但动态模型采用的估计方法不同，学者们对于调整速度的具体估算结果之间也存在着较大差异。如果选择估计方法不当，计量结果上就会存在较大偏差，无法得到准确的调整速度。Fama 和 French（2002）使用混合 OLS 方法进行了估计，结果发现分配股利的公司进行资本结构调整的速度为平均每年 7% ~10%，而不分配股利的公司调整速度平均为 15% ~18%。Fama 和 French（2002）将估算出的调整速度称为“蜗牛漫步”，这对资本结构动态调整理论带来了冲击。Kayhan 和 Titman（2007）采用同样的方法估计了资本结构调整速度，同样发现调整速度过慢。Flannery 和 Rangan（2006）认为这与计量方法选用不当有关，因此采用固定效应模型对公司的局部调整行为进行了重新识别，并估算了调整速度。对公司固定效应的考虑，使文中得到了显著更快的调整速度，平均每年为34.4%。缩小真实资本结构与目标之间差距的一半，只需要1.6年。但固定效应模型的缺陷在于并不适用于时间序列较短的数据，为此Lemmon等（2008）认为美国上市公司的资本结构黏性较大比较适用于系统广义矩估计（SYS-GMM）的方法，文中估算得到的调整速度为25%。另外，为了修正同时使用固定效应和滞后因变量带来的计量偏差（Baltagi，2008），学者们还尝试使用了工具变量法、长差分方法等。Huang和Ritter（2009）采用长差分方法估算了美国上市公司的调整速度，采用账面杠杆比率测算的结果为17%，市值杠杆比率测算的结果为23.2%，他们认为这样的调整速度尽管不是很快，但足以证明公司确实存在动态调整行为，目标资本结构是企业资本结构的重要影响因素。Flannery和Hankins（2013）对这几种常用的动态面板估计方法在不同情况下进行了比较，结果发现LSDVC方法［Kiviet（1995），corrected least squares dependent variable］在任何数据条件下都是最精确的，而系统GMM通常是次优方法［Blundell and Bond（1998），system GMM］。当然，这两种方法还存在一定的局限，LSDVC需要假定自变量是外生的，而且要求较高的计算机内存，而系统GMM要求不存在显著的二阶序列相关。

为了更准确地还原企业真实的调整速度，动态资本结构的研究仍在不断改进中。其中一个重要的发展是认识到资本结构动态调整的不对称性，因而在调整速度的估算中会进一步区分调整方向。Frank和Goyal（2008）发现由于各项融资方式的交易成本不同、企业和投资者的税负差异、企业面临的财务危机成本以及调整收益的差异，企业的动态调整行为具有不对称性。企业在低于目标水平和高于目标水平时调整速度显著不同。此外，Byoun（2008）的研究还发现目标资本结构和资金缺口会一起影响公司的资本结构调整，使公司的资本结构调整呈现出不对称性。例如，企业拥有充足资金时，杠杆过高的企业更倾向于偿还债务。相反，资金短缺时，杠杆较低的企业更愿意借债融资。可见，在估算调整速度时，意识到调整的不对称性，区分调整方向十分必要。Faulkender 等（2012）对美国 1965 ~ 2006 年上市公司数据的估计结果表明，资本结构向上调整速度为 29.8%，而向下调整速度高达 56.4%，是向上调整的 1.9 倍，为资本结构调整的不对称性提供了实证支持。进一步，作者将资本结构的调整行为还区分为机械调整和主动调整。由每期盈余带来的资本结构自动调整部分，由于不涉及交易成本，被称为机械调整。而只有公司进行融资和股利分配等行为时才会发生交易成本，即主动调整，文中测算的账面杠杆调整速度为 21.9%，而主动调整速度达到 31.6%，比账面杠杆快了将近 10%。对调整速度估算的改进，为进一步发展资本结构动态调整的实证研究奠定了基础，促使更多的研究开始关注哪些因素影响了调整成本和收益，进而影响到企业的资本结构动态决策。

2.2.3　资本结构动态调整的影响因素

现有文献主要从宏观环境、制度环境、行业环境、市场环境、公司特征等几个方面进行了研究。

宏观因素方面的研究发现企业的资本结构调整速度在经济环境较好的时期更快。Hackbarth 等（2006）的理论研究证明处于经济繁荣期的企业，资本结构动态调整速度较快，调整规模较大；Korajczyk 和 Levy（2003）利用美国企业提供的经验数据也得到了同样的结论，并且发现经济形势的好坏对融资约束较低的企业影响更大。文中还发现对于融资约束较高的企业，资本结构偏离对调整方式的解释能力较强，而融资约束较低的企业则可以根据宏观经济形势的好坏来选择对企业而言具有较低调整成本的方式。此外，还有学者提供了不同国家的经验证据，Drobetz 和 Wanzenried（2006）对瑞士企业的研究也支持了调整速度受商业周期的影响，在经济环境较好的时候，企业的资本结构调整速度较快的结论。Drobetz 等（2007）以欧洲上市公司为研究样本，Sinha 和 Ghosh（2010）利用印度企业的数据，同样支持了该结论。于蔚等（2012）研究了中国上市公司的数据，结果发现宏观信贷规模与资本结构的调整幅度呈正比，而股权扩容规模、贷款利率、股市收益率会对其产生负面影响，同时对于不同融资约束程度的企业而言，该作用程度不同。

资本结构调整的收益和成本在不同国家的制度环境下存在差异，这对资本结构动态调整行为产生了重要影响。Miguel 和 Pindado（2001）发现西班牙的私人债务比例较高，这大大降低了公司融资发生的交易成本，文中的检验结果也发现西班牙公司的资本结构调整速度要显著高于美国公司；Öztekin 和 Flannery（2012）进一步利用跨国数据比较了在不同国家的制度环境下企业的调整速度。结果发现国家法律和金融制度环境越好，企业面临的调整成本越小，调整速度更快，并且法律和金融制度是决定国家间资本结构调整速度的首要因素。姜付秀和黄继承（2011）检验发现企业所在地市场化程度越高，调整速度越快。

企业的资本结构调整在不同的行业间也存在显著差异。Antoniou 等（2002）对英国、德国、法国的企业进行了研究，结果表明在这三个国家中企业的资本结构动态调整速度主要受所在行业的影响，特别是制造业和服务业的企业，他们的调整速度存在很大的差异。连玉君和钟经樊（2007）测算了我国企业的调整速度，发现在不同行业间差异很大。姜付秀等（2008）检验了行业竞争程度对资本结构动态调整的影响，发现企业偏离目标资本结构的程度在竞争越激烈的环境下越小。

资本市场对企业股票的错误估价也构成了资本结构动态调整的一项重要调整成本。Warr 等（2012）将股票的错误定价纳入已有的资本结构动态调整的研究框架中，不同于以往市场择时的研究，文中将市场择时作为影响企业调整成本的因素来考虑。研究结果表明当企业高于目标资本结构、股票价格被市场高估时，企业的调整速度要高于被市场低估的股票，而当企业低于目标资本结构、股价被低估时，企业可以通过股票回购以较低成本趋向目标资本结构，因而调整速度更快。此外，进一步考虑企业现金流状况时，文中发现当高于目标资本结构时，如果股票被高估，且企业有较大现金流需求时，调整速度更快，而当低于目标资本结构时，在股票价格被市场低估，且企业有过剩现金流的情况下，调整速度更快。

公司特征与企业资本结构动态调整之间的关系一直也是该领域关注的热点。现有文献已从多个角度探讨了影响资本结构调整的企业内部因素，例如：企业规模、成长性、企业年龄、盈利能力、投资机会、现金流、授信额度、融资约束以及管理者特征等方面。Heshmati（2001）发现公司规模和资本结构调整速度呈显著正相关关系，证实了固定调整成本在总调整成本中占比较大。大公司往往具有融资优势和规模优势，因而调整速度更快。Drobetz 和 Wanzenried（2007）对欧洲上市公司的研究结果表明，规模越大，成长性越高的企业调整速度越快。连玉君和钟经樊（2007）以我国上市公司为研究样本，同样支持了公司成长性与调整速度成正比的结论。Heshmati（2001）还发现当盈利状况较好时，企业更有能力利用内部资金进行调整，因而盈利能力也越强，资本结构调整速度越快，该结论得到了瑞典公司样本的支持。Pittman 和 Klassen（2001）发现在美国上市公司中企业年龄同样影响了资本结构调整速度。年龄越大的公司，调整速度越慢，这是由于公司再融资成本随着年龄增长而造成的。而对于企业的投资机会而言，已有文献主要将其视为企业以较低成本进行目标调整的机会，因为当企业存在较大的投资机会时，企业往往需要为其融资，在此过程中也恰巧为企业提供了趋向资本结构的机会（Dudley，2012；Faulkender et al.，2012）。Vermaelen 和 Xu（2010）研究了并购、股票回购和增发股票对动态调整的影响。文中发现公司考虑到目标资本结构，在选择并购支付方式上，会倾向有利于企业实现调整或偏离较小的方式。同理，企业的现金流缺口和现金流过剩也会影响企业的调整成本，Byoun（2008）发现绝大部分调整发生在公司高于目标资本结构且资金过剩时以及低于目标资本结构且资金短缺时。Lockhart 和 Flannery（2009）考察了授信额度对动态调整的影响，提出了授信额度降低了融资的交易成本，从而加快了资本结构调整速度的假设，并且利用了美国上市公司的数据加以证实。Faulkender 等（2012）进一步研究了融资约束对企业调整行为的非对称影响。当高于目标资本结构时，文中发现融资约束导致调整速度加快，而低于目标资本结构时，融资约束的企业调整速度更慢。此外，有关管理者特征影响资本结构动态调整的文献还较少，姜付秀和黄继承（2013）借助我国上市公司高管变更事件研究了高管财务经历对资本结构决策的影响，发现有过财务经历的高管优化资本结构动态决策，会加快企业的调整速度，降低资本结构偏离程度。

2.3 文献评述

从对上述相关文献的梳理中可以看出，管理者过度自信对公司财务决策的影响已经受到了广泛关注，是行为金融领域方面的重要内容。此外，资本结构决策理论的一个重要发展方向就是将其动态化，在时间序列上考察对资本结构动态决策的影响。尽管已有文献已经开始关注宏观、行业以及企业特征等多种因素对资本结构动态决策的影响，但已有研究仍旧存在以下几个方面的不足：

（1）从研究视角上来讲，缺少从管理者过度自信的角度来研究对资本结构动态调整的文献。尽管行为金融学领域的相关研究已经开始关注管理者过度自信对资本结构的影响，注重管理者非理性认知对企业负债水平、债务期限以及融资顺序的影响，但这些研究仅局限于对企业静态资本结构决策的关注，而对于管理者过度自信会对资本结构动态调整产生怎样的影响则尚未涉及，这在资本结构研究趋于动态化的形势下并不合理；另一方面，有关资本结构动态调整的研究都建立在管理者理性的假设基础之上，尽管现有文献已涉及管理者个人能够对资本结构动态调整产生影响的研究，但关于管理者非理性心理特征对资本结构动态调整的影响在已有研究中被忽视。

（2）从研究内容上来讲，对于各种因素如何作用于资本结构动态调整的机理探讨较少。大多数文献只关注了对企业资本结构调整效果即调整速度的影响，而对内在作用机理的分析较少。管理者过度自信对资本结构动态调整过程会产生怎样的影响，通过何种渠道最终影响到调整速度在已有研究中并未得到关注。对企业资本结构动态决策的认识，除了了解调整效果外，更应该关注动态调整的过程，过度自信管理者的个人偏好如何影响企业对调整方式的选择是决定调整速度的关键。只有打开这个黑匣子，才能形成分析管理者过度自信影响资本结构动态决策较为完整的逻辑体系，从而对这一问题有深刻的认识和理解。

（3）从研究框架上来讲，大部分文献只提出并证实了管理者过度自信能够影响企业财务决策效率的问题，但对进一步如何修正管理者个人的认知偏差，缓解过度自信管理者的不良影响，改善企业的财务决策在已有研究中鲜有涉及。尤其是尚未有文献关注如何优化过度自信管理者的资本结构决策，而从研究框架上来讲，这是需要进一步研究的重要命题。对过度自信管理者所做决策的优化，依赖于个人的修正和他人对决策的补充和完善，这就依赖于外部环境的及时反馈以及完善的内部治理机制。没有将这些因素纳入已有的研究框架下，分析在哪种条件下管理者过度自信对资本结构动态决策的影响会有所降低，则很难对管理者过度自信与资本结构动态调整二者关系有更完整的认识，也无法提出有针对性的解决措施和改进方案，更无法对指导企业实践产生积极的借鉴意义。

针对以上文献的不足，本书将在下面的研究中尝试从这些方面做出相应的改进。

第3章

管理者过度自信与资本结构动态调整

3.1 问题的提出

静态权衡理论认为企业主要通过权衡税盾收益和破产成本来选择最优的资本结构。但现实中企业总是发生资本结构偏离，并且趋向目标水平的速度很慢。可见，静态权衡理论并不能为资本结构提供完整的解释。近年来，动态权衡理论为资本结构搭建了统一的分析框架，该理论认为企业会不断趋向目标资本结构，而调整速度的快慢则取决于调整收益和调整成本的大小（Leary and Roberts，2005；Flannery and Rangan，2006；Faulkender and Petersen，2006；Huang and Ritter，2009）。动态权衡理论的发展促使越来越多学者开始关注哪些因素会影响调整成本和收益，大量文献围绕着宏观经济环境、制度背景、行业特征以及公司特征等方面对资本结构动态调整展开了讨论，极大地丰富和发展了资本结构理论（Hackbarth et al.，2006；Öztekin and Flannery，2012；姜付秀和黄继承，2011；Dudley，2012；Faulkender et al.，2012）。

管理者是公司各项决策的发起者和主导者，他们会对所领导企业的财务行为和绩效产生重要影响。同样，资本结构决策也不例外。Frank 和 Goyal（2009）认为关注负责企业各项决策的管理者才能更好地理解企业的资本结构。就资本结构动态调整来讲，他们发现当高管发生变动时调整速度会显著下降，而提高管理者薪酬业绩敏感性会加快资本结构调整速度。Morellec 等（2012）进一步从经理人和股东的代理冲突入手考察了管理者个人对动态调整的影响。然而，已往研究都统一建立在管理者是理性决策者的假设之下，关注了管理者自利行为所产生的代理成本对资本结构动态调整的影响。然而，很多心理学研究发现，人们并不总是按照理性人的行为方式决策。其中，过度自信[①]是人类心理学实验中最稳定的发现（Debondt and Thaler，1996），即大部分人相信自己在能力、判断以及未来成功概率等方面高于平均水平（露西·阿科特和理查德·迪弗斯，2010；刘力，2007）。而多年位居高位或成功经验使这种心理偏差在管理者身上尤为明显（Camerer and Lovallo，1999；Moore and Kim，2003），大部分的管理者往往会高估个人的经营能力和企业的盈利能力（Russo and Schoemaker，1992）。

行为金融学发现，过度自信的管理者容易导致企业决策扭曲。具体表现为，在投资决策方面，由于过度自信的管理者高估了投资项目的预期收益，更容易产生过度投资的行为（Ben－David et al.，2007；郝颖等，2005；姜付秀等，2009），而对于个人能力和并购的预期协同作用的高估，也使他们从事了更多的过度支付以及价值破坏的并购（Roll，1986；Hayward and Hambrick，1997；Malmendier and Tate，2008）；在融资决策方面，过度自信的管理者高估了

① 在心理学研究中，过度自信是过于相信个人判断，低估未来结果的波动，而过于乐观是指相信未来结果好于预期，前者是对风险的低估，后者是对均值的高估。但在行为金融学的实证检验中，已有研究并未进行区分，认为二者具有诸多共同点。因此，本文将过度乐观视为过度自信的一种表现形式，而未详细区分。

企业未来的盈利并低估了未来风险，通常认为企业发生财务危机的概率很小，因而增加了企业的负债水平，缩短了债务期限（Landier and Thesmar，2009），同时过度自信的管理者高估了企业价值，不愿意外部融资，尤其是权益融资（Malmendier et al.，2011；江伟，2010）。可见，过度自信的管理者具有高估企业价值以及低估企业财务风险等特征，而这种有限理性必然会影响到对资本结构动态调整成本与调整收益的认知和判断以及对融资方式的偏好，进而影响企业的调整速度以及赖以趋近目标资本结构的调整方式。鉴于此，本章将重点关注管理者过度自信对资本结构动态调整的影响。

本章选取沪、深两市 2002 ~ 2013 年上市公司为研究样本，实证检验管理者过度自信对资本结构动态调整速度的影响。研究结果表明：管理者过度自信显著降低了调整速度，无论是低于还是高于目标资本结构。此外，过度自信的管理者高估了外部融资成本，在融资方式上会表现出优序融资的偏好。因此，本章检验了在调整方式上管理者过度自信的影响，结果显示：当低于目标资本结构时，过度自信的管理者通过分红实现杠杆上调的概率较大，而高于目标资本结构时，则增加了通过偿还有息债务实现资本结构下调的概率。这表明，管理者的非理性心理偏差会造成资本结构动态调整决策上的扭曲，从而为资本结构决策提供了补充性解释。

本章的贡献主要体现为，尽管现有文献关注了管理者过度自信对资本结构的影响，但仅限于对静态资本结构。有关资本结构动态调整方面的研究则隐含了重要的假设，即管理者理性。本书结合行为金融学，从管理者过度自信的角度为企业资本结构动态决策提供了新的解释视角，有助于更全面地理解管理者对资本结构决策带来的影响，丰富了资本结构动态调整的相关研究。同时，也从资本结构动态调整方面丰富了管理者过度自信对企业财务决策的影响研究。

余文的结构安排如下：第二部分理论分析了管理者过度自信对资本结构调整速度与调整方式的影响，并提出了研究假设；第三部分是本书的研究设计，详细说明检验模型、关键变量以及样本描述性统计等；第四部分是检验结果及分析；第五部分是稳健性检验；最后是本书的结论。

3.2 理论分析与研究假设

企业存在最优资本结构，这一观点已经得到了大量理论研究和专业人士的一致认可。通过权衡负债带来的成本收益，企业不仅可以保证财务安全，而且有助于实现企业价值最大化（Lööf，2004；姜付秀等，2008；梁杰等，2014）。由于企业的资本结构在经营过程中不可避免地受到冲击，为了提高企业价值，企业需要不断调整，逐渐趋近最优资本结构，从而表现为一个不断优化的动态调整过程。理论上讲，如果调整成本为零，企业会瞬间调整到最优水平，但由于资本市场存在摩擦，企业进行资本结构调整时常常面临交易成本等，即调整是有成本的，因而企业不得不权衡调整成本和收益。只有当收益大于成本时，企业才会调向目标水平（Fischer et al.，1989），而调整速度则取决于调整成本的大小（Leary and Roberts，2005）。

管理者过度自信对公司财务的影响，主要体现为高估盈利状况、现金流量以及私有信息的准确性，低估财务风险发生的概率（Malmendier and Tate，2005；Goel and Thakor，2008；Landier and Thesman，2009）。这会导致他们预估的企业价值偏高，从而普遍认为外部资本市场低估了企业价值，无论是权益融资还是债务融资的成本都过高，因而外部融资意愿较低（Heaton，2002；Malmendicr et al.，2011)。正是过度自信的管理者存在对风险和收益的非理性认知等特征，他们对资本结构动态调整成本与调整收益的判断就会存在较大偏差。在这种情况下，过度自信管理者难以做出最优的资本结构动态决策。

从区分调整方向来看，当低于目标资本结构时，首先，过度自信的管理者认为外部信贷市场低估了企业价值，债务融资的成本较高，主要体现在企业获得的贷款利率相对较高。在这种情况下，根据权衡理论，过度自信的管理者所估计的目标资本结构会有所下调，他们所认识的调整收益会低于普通的管理者。其次，过度自信的管理者还高估了外部债务融资所发生的交易成本，由于他们认为债权人低估了企业价值，那么就需要花费大量精力和时间与资金的借方进行谈判和沟通。尤其是在我国的制度背景下，银行关系网络的建立和维护在信贷资源获取上发挥着重要作用（邓建平和曾勇，2011)。这一过程中所发生的交易成本较高，也会导致过度自信的管理者高估调整成本。再次，过度自信的管理者还过于依赖内部融资，出于对未来投资的考虑会为企业预留更多的现金，相比较理性的管理者而言，他们支付股利的水平较低（Deshmukh et al.，2012)，从而降低了过度自信的管理者实现资本结构上调的倾向。可见，当低于目标资本结构时，过度自信的管理者既高估了向上调整的成本，又低估了调整收益，进而降低了调整速度。

当高于目标水平时，首先，由于过度自信的管理者对企业未来的盈利和现金状况过于乐观，低估了企业财务困境发生的概率以及预期的财务困境成本（Harckbarth，2002；Harckbarth，2008)，所以即使企业高于目标资本结构，过度自信的管理者也会表现出较高的风险容忍度，忽视财务危机的存在，造成企业低估调整收益；其次，过度自信的管理者有过度投资的冲动，当需要投资较多项目，而企业自有资金不能满足时，他们会通过激进的债务融资来解决

（余明桂等，2006），这也会使企业维持较高的负债水平而难以实现资本结构的调整；最后，过度自信的管理者同样高估了通过权益融资实现资本结构下调的调整成本。他们普遍系统性地高估了企业未来利好状况的概率。同时，相较于信贷市场，股票市场由于信息不对称等原因对企业的估价与管理者主观信念相差更大，这导致过度自信的管理者会认为增发股票进行融资被市场低估的程度更大。因此，不论是从调整收益上还是调整成本上而言，过度自信的管理者降低负债水平趋向目标资本结构的意愿都会低于理性管理者，因而调整速度更慢。鉴于此，本章提出假设 1。

假设 1：管理者过度自信会降低资本结构动态调整速度。

企业的资本结构调整需要借助调整方式得以实现。趋向目标资本结构的方式主要有增加负债、负净权益融资、偿还债务和发行股票四种方式（Leary and Roberts，2005）。对于我国而言，由于股票回购的方式并不常见，因而主要存在增加负债、现金分红、偿还债务和发行股票四种选择。增加负债和现金分红可以实现资本结构的上调，而偿还债务和发行股票可用于资本结构的下调。理性的经理人会根据当前调整成本的大小适时选择对企业而言最优的调整方式。Warr 等（2012）认为资本市场对股票的估计是影响企业资本结构调整的重要因素，当股票价格被高估时，理性管理者会提高下调速度，而当股票价格被低估时，通过股票回购同样会提高资本结构向上的调整速度。可见，理性经理人会利用市场择时实现资本结构的低成本调整，从而获取较高的调整净收益。过度自信的管理者对企业未来的成长性和盈利能力始终过于乐观。但增加负债和发行股票这两种方式过于依赖外部债权人与投资者的评价，因此，已有的文献发现过度自信的管理者认为外部融资方式低估了企业价值，表现出更为明显的依赖内部融资的倾向，而不愿进行债务融资和权益融资（Heaton，2002；Harckbarth，2008；Malmendier et al.，2011）。

当进行投资活动时，则表现出更高的投资现金流敏感性（Malmendier and Tate，2005；Lin 等，2005；Peng 和 Wei，2007）。这样的融资偏好会使过度自信的管理者更加倾向于以内部资金的方式实现资本结构的低成本调整，而不依赖于外部投资者对企业价值的评价。具体表现为，当企业资本结构低于目标水平时，过度自信的管理者会更依赖于现金分红的调整方式实现资本结构的上调，而当资本结构高于目标水平时，过度自信的管理者会更倾向于通过偿债的方式实现下调。鉴于此，本章提出以下假设：

假设 2：当资本结构低于目标水平时，过度自信的管理者增加了企业通过现金分红的方式进行资本结构上调的可能性；

假设 3：当资本结构高于目标水平时，过度自信的管理者增加了企业通过偿还债务的方式进行资本结构下调的可能性。

3.3 研究设计

本节的实证过程分为两步：首先检验管理者过度自信如何影响资本结构调整速度。随后检验管理者过度自信对调整方式的影响，探讨过度自信管理者影响调整速度的作用路径。

3.3.1 实证模型与变量

（1）管理者过度自信与资本结构动态调整速度。

首先，借鉴现有文献的做法，采用标准部分调整模型来估计调整速度（Flannery and Rangan，2006；Byoun，2008；Lemmon et al.，2008；Huang and Ritter，2009），具体设定如下：

$$Lev_{i,t} - Lev_{i,t-1} = \frac{D_{i,t}}{A_{i,t}} - \frac{D_{i,t-1}}{A_{i,t-1}} = \gamma(Lev_{i,t}^{*} - Lev_{i,t-1}) + \varepsilon_{i,t} \quad (1)$$

其中，$D_{i,t}$表示 i 公司 t 年末有息负债，$A_{i,t}$表示 i 公司 t 年末总资产，$Lev_{i,t}$和 $Lev_{i,t-1}$表示 i 公司 t 年末和 t－1 年末的有息负债率，即资本结构。$Lev^{*}_{i,t}$表示 i 公司在 t 年的目标资本结构。系数 γ 表示实际资本结构的变化与资本结构偏离以平均每年 γ 的幅度减小，通常 γ 被称为资本结构调整速度。

对于目标资本结构的估计，采用了模型（2）来实现：

$$Lev^{*}_{i,t} = \beta X_{i,t-1} \tag{2}$$

其中，β 是回归系数向量，$X_{i,t-1}$是一系列控制变量。借鉴现有文献（姜付秀和黄继承，2011；Faulkender et al.，2012），结合中国实际（陆正飞，2005），选取了如下变量：盈利能力 EBIT_TA（息税前利润占总资产比）、成长性 MB［（权益市值＋负债账面价值）/总资产］、非负债税盾 DEP_TA（固定资产折旧占总资产比）、企业规模 LnTA（总资产对数）、抵押能力 FA_TA（固定资产占比）、行业资本结构 Ind_median（行业中位数），以及本书研究的主要解释变量 Overcon（管理者过度自信）。

随后，采用了同时估计目标资本结构和资本结构调整速度的方法。具体如下：

将公式（2）代入公式（1），得到：

$$Lev_{i,t} = \gamma\beta X_{i,t-1} + (1-\gamma)Lev_{i,t-1} + \varepsilon_{i,t} \tag{3}$$

通过对模型（3）的回归可以得到参数向量 β，将其代入模型（2）就可以估计出目标资本结构 $Lev^{*}_{i,t}$，将其代入模型（1）就可估算基准调整速度。

进一步，文中区分了机械调整和主动调整。正如 Faulkender et al.（2012）所言标准部分调整模型（1）估计得到的资本结构调整实际上包含了两个部分：机械调整（passive and mechanical adjustment）和主动调整（active adjustment）。由于公司年度经营利润的实现同时会改变所有者权益的大小，从而会导致公司资本结构发生变化，此时资本结构的调整并不是企业主动意愿调整的结果，也不会涉及交易成本的发生。而企业通过增加负债、偿还贷款、发行新股、股利分配等方式进行调整，则属于主动调整，这部分的调整是企业主动决策所产生的变化，也是本书关注企业动态调整的重点。

为了将公司的资本结构调整分为主动调整和机械调整，文中借鉴 Faulkender et al.（2012）的做法，对模型（1）进行了如下修正：

$$Lev_{i,t} - Lev^{p}_{i,t-1} = \gamma(Lev^{*}_{i,t} - Lev^{p}_{i,t-1}) + \varepsilon_{i,t} \quad (4)$$

其中，$Lev^{p}_{i,t-1} = D_{i,t-1}/(A_{i,t-1} + NI_{i,t})$，$NI_{i,t}$表示 i 公司在 t 年度的净利润，$Lev^{p}_{i,t-1}$表示 i 公司在 t 年净融资额为零时，公司在 t 年末的资本结构。

为了检验管理者过度自信对资本结构主动调整速度的影响，文中借鉴 Faulkender et al.（2012）等研究的做法，对基准模型进行了如下扩展：

$$Lev_{i,t} - Lev^{p}_{i,t-1} = (\gamma_0 + \gamma_1 Overcon_{i,t})(Lev^{*}_{i,t} - Lev^{p}_{i,t-1}) + \varepsilon_{i,t} \quad (5)$$

其中，Overcon 表示管理者过度自信。γ_1 是管理者过度自信对调整速度的影响。如果管理者过度自信提高了主动调整速度，γ_1 会显著为正；而如果 γ_1 显著为负，则说明管理者过度自信降低了主动调整速度。此外，鉴于现有文献发现企业在低于和高于目标资本结构时调整收益具有不对称性（Byoun，2008），所以本书区分了高于和低于目标资本结构两种情况。

（2）管理者过度自信与资本结构动态调整方式。

为检验管理者过度自信对调整方式的影响，本研究构建了模型（6）：

$$P(Adjust\_N_{i,t} = 1) = \Phi(\alpha_0 + \alpha_1 Dev^{a}_{i,t-1} + \alpha_2 Overcon_{i,t} \times Dev_{i,t-1} + \beta X_{i,t-1} + \varepsilon_{i,t}) \quad (6)$$

结合我国融资实践，主要有增加有息负债、减少有息负债、正净权益融资（发行新股）和负净权益融资（分红）四种调整方式。N 表示第 N 种调整方式，$Adjust_N_{i,t}$是调整方式的哑变量，如果通过第 N 种方式进行了调整则定义为 1，否则为 0。$Dev^{a}_{i,t-1} = |Lev^{*}_{i,t} - Lev^{p}_{i,t-1}|$，表示 i 公司在 t 年初时资本结构的偏离。$X_{i,t-1}$表示影响资本结构调整行为的一系列控制变量，与前文一致。假定 Φ 服从正态分布，运用 Probit 模型进行回归分析。如果 α_1 显著为正，则说明公司会通过方式 N 进行趋向目标资本结构的调整，而且，偏离程度越远，公司通过方式 N 来调整资本结构的概率越大。管理者过度自信和偏离程度的交互项用来检验管理者过度自信对调整方式 N 的影响，如果回归系数 α_2 显著为正，则说明在其他条件不变的情况下，管理者过度自信显著提高了企业通过方式 N 来调整资本结构的可能性；反之，如果 α_2 显著为负，则说明管理者过度自信显著降低了企业通过方式 N 来调整资本结构的可能性。同样，文中区分了高于目标资本结构和低于目标资本结构两个样本。

此外，借鉴 Leary and Roberts（2005）的做法，文中定义了四种调整方式：

增加（降低）净债务融资，定义为（$Debt_{i,t} - Debt_{i,t-1}$）/$A_{i,t}$增加（减少）幅度大于等于 5%；

正（负）净权益融资，定义为（$Equity_{i,t} - Equity_{i,t-1} - NI_{i,t}$）/$A_{i,t}$增加（减少）幅度大于等于 5%。

3.3.2 数据、样本和描述性统计

（1）样本选取。

本章的研究样本为沪深两市 A 股上市公司 2002 ~ 2013 年观测值。从 2001 年起盈利预测数据开始披露，但 2002 年才逐渐步入正

轨，因考虑到数据的客观性和可获取性，样本期间选择从 2002 年开始比较合理。数据全部来源于 CSMAR 数据库和 Resset 数据库。

结合文中研究需要，我们参照已有研究对样本进行了如下筛选：①剔除了金融类上市公司样本；②为了消除 IPO 的影响，剔除了当年上市的公司；③剔除了计算资本结构调整速度相关数据缺失的样本；④估算资本结构调整至少要求连续两年以上的数据，因而剔除了观测数据少于连续两年的样本；⑤剔除了董事长或总经理发生变更的样本；⑥剔除预测信息披露时间在披露对象期间结束之后的样本；⑦剔除其他可能导致乐观盈利预测的样本，例如：下一年再融资或高估盈利操纵股价进行套现等样本。经统计，扣除存在缺失值的样本总共获得 6510 个观测值，其中去除高管变更 2020 个观测值，操纵股价违规样本观测值 27 个，再融资样本观测值 91 个，最后剔除观测值缺少连续两年以上的样本，共得到 1642 个观测值。此外，为了缓解异常值对回归结果的影响，所有比率变量均进行了 1% 和 99% 的 Winsorize 处理。

（2）主要变量界定。

管理者过度自信：如何准确定义管理者过度自信一直是困扰该领域研究的主要难题。已有实证研究主要从以下几个方面尝试寻找管理者过度自信的代理变量，主要有以下几种：①相关商业主流媒体对 CEO 的描述和评价（Malmendier et al.，2011；Hirshleifer et al.，2012）；②管理者股票期权行权特征和持股比例（Malmendier and Tate，2005，2008；郝颖，2005）；③管理者的相对薪酬比例（Hayward and Hambrick，1997；姜付秀等，2009）；④企业盈利预测偏差（Lin et al.，2005；黄莲琴和傅元略，2010；姜付秀等，2009）；⑤消费者情绪指数和企业景气指数（Oliver，2005；余桂明等，2006）等。但考虑到媒体报道主观性较强，而我国股票期权实施不久（江伟，2010），国有企业高管薪酬管制以及企业景气指数只能具体到行业层面等缺陷，相比较起来，管理者盈利预测偏差近些年来被我国学者广泛使用，而且具有相对成熟的理论支持，文中将采用公司盈利预测事后是否发生“变脸”来衡量管理者过度自信。

过度自信的管理者对于企业未来的盈利和现金流状况往往持有过于乐观的态度，因而对于企业未来业绩的预测很可能存在向上的乐观偏差。Hribar 和 Yang（2006）发现过度自信的管理者发布的盈利预测更容易出现高估。借鉴姜付秀等（2009）的方法，文中统计了盈利预测的类型，其中预盈、预增、预平、减亏属于“利好”的预测类型，如果样本期内至少有一次企业实际的盈利状况低于预测的水平，即发生了业绩“变脸”，则定义该公司的管理者过度自信变量为 1，否则为 0。具体来讲，预盈但实际亏损，预增但实际盈利下降，预平但实际亏损，减亏但实际亏损增加，都属于实际的盈利低于预测水平的状况。

（3）描述性统计。

文中对研究中的主要变量进行了描述性统计，结果如表 3 – 1 所示。

Panel A 中目标资本结构 Lev target 的均值（中位数）为 0.253（0.235），标准差为 0.248，与美国 1965 ~ 2006 年类似方法估算的目标资本结构均值（中位数）0.276（0.246）基本一致（Faulkender et al.，2012）。剔除机械调整后的资本结构偏离 Dev^a 的均值（中位数）为 0.127（0.085），标准差为 0.165，说明公司资本结构确实存在暂时性偏离目标水平的情况，需要不断地进行调整。管理者过度自信是本书考察的关键变量，过度自信变量的均值（中位数）为 0.108（0），标准差为 0.311，这表明样本中平均有 10.8% 的管理者存在过度自信的心理偏差。同时，本书还区分高于和低于目标资本结构进行汇报。

表 3-1　　描述性统计

	Mean	Median	St. Dev.	Under	Over
Panel A：Leverage targets and deviations from target					
Lev target	0. 253	0. 235	0. 248	0. 359	0. 147
Dev[a]	0. 127	0. 085	0. 165	0. 124	0. 130
Overconfidence	0. 108	0	0. 311	0. 116	0. 106
Panel B：Capital structure adjustment					
Net debt increase	0. 320	0. 000	0. 466	0. 511	0. 263
Net debt decrease	0. 227	0. 000	0. 419	0. 073	0. 275
Positive net equity financing	0. 116	0. 000	0. 320	0. 084	0. 124
Negative net equity financing	0. 077	0. 000	0. 267	0. 063	0. 080
Panel C：Firm characteristics used in target leverage calculation					
Lagged Lev	0. 279	0. 250	0. 390		
Lagged EBIT_TA	0. 055	0. 056	0. 086		
Lagged MB	1. 872	1. 400	1. 279		
Lagged DEP_TA	0. 024	0. 021	0. 016		
Lagged LnTA	20. 846	20. 788	0. 959		
Lagged FA_TA	0. 278	0. 252	0. 173		
Lagged Ind_median	0. 229	0. 237	0. 095		

Panel B 统计了资本结构调整方式的相关变量，可以看到样本期间平均有 32% 的样本公司增加债务融资（占总资产 5% 以上），有 22. 7% 的公司减少了债务融资，总体而言半数以上公司采用了净债务融资的调整方式。同时，增加负债的公司占比高于减少负债的公司，这与 Leary 和 Roberts（2005）的发现一致，这可能是由于净利润降低了负债水平，而在中国上市公司分红较少，因而增加有息债务成为资本结构上调的主要方式。区分调整方向，当资本结构低

于目标水平时，有 51.1% 的公司利用增加有息债务的调整方式，而降低有息债务的占比只有 7.3%；当高于目标水平时，增加和减少有息债务的占比分别为 26.3% 和 27.5%，这说明净债务融资是实现资本结构动态调整的重要方式。净权益融资（占总资产 5% 以上）为正的样本公司占 11.6%，而进行了负向净权益融资的公司占比为 7.7%，总共平均每年有将近 20% 的样本公司通过权益融资的方式进行了调整。当低于目标资本结构时，净权益融资为正的样本占比为 8.4%，净权益融资为负的占比为 6.3%；而高于目标资本结构时，正净权益融资的公司占 12.4%，高于负净权益融资的占比为 8%，这表明此时公司通过发行股票调整资本结构的倾向较大，也表现出了趋向目标资本结构调整的特征，从而为研究管理者过度自信对调整方式的影响提供了基础。

Panel C 中报告的是用于估计目标资本结构的公司特征变量，由于采用的是全样本数据，因而未区分调整方向。有息负债率 Lev 的均值（中位数）为 0.279（0.250），Cook 和 Tang（2010）研究表明美国的上市公司 1999 ~2006 年有息负债比率的均值（中位数）为 0.263（0.241），与之相比本书样本公司的负债水平并不算低，具有较大的可比性。有息负债率 Lev 的标准差为 0.390，说明分布较为分散。其余变量的描述性统计结果在这里不再赘述。

3.4 实证结果分析

该部分首先采用多种方式估计目标杠杆，其次估计研究区间内样本公司的基准调整速度，利用扩展的回归模型检验管理者过度自信对资本结构调整速度的影响。最后，从净债务融资和净权益融资两个方面检验管理者过度自信对资本结构调整方式的影响。

3.4.1 管理者过度自信与资本结构调整速度

（1）估计目标资本结构及基准调整速度。

目前，主要有 OLS、FE（固定效应模型）、BB［系统 GMM 估计（Blundell and Bond，1998）］和 LSDVC［修正最小二乘虚拟变量法（Bruno and Giovanni，2005）］四种方法来估计目标资本结构。以下是利用以上方法对样本公司目标资本结构的估计，具体结果如表 3－2 所示。

表 3－2　目标资本结构统计

	OLS	OLS	OLS	FE	BB	LSDVC
Lagged Lev			0.802*** (27.05)	0.367*** (10.62)	0.802*** (27.20)	0.637
Lagged EBIT_TA	−0.468*** (−10.74)	−0.432*** (−7.40)	−0.061 (−1.06)	−0.071 (−1.54)	−0.061 (−1.07)	−0.014
Lagged MB	−0.014*** (−4.14)	−0.022*** (−5.61)	−0.016*** (−4.89)	−0.016*** (−3.67)	−0.016*** (−4.92)	−0.016
Lagged DEP_TA	−0.935*** (−3.17)	−1.227*** (−2.70)	−0.624** (−2.04)	−0.789* (−1.65)	−0.624** (−2.05)	−0.795
Lagged LnTA	0.039*** (13.14)	0.044*** (7.87)	0.010*** (2.70)	0.019* (1.76)	0.010*** (2.72)	0.004
Lagged FA_TA	0.210*** (8.23)	0.271*** (6.61)	0.075*** (2.97)	0.022 (0.46)	0.075*** (2.98)	−0.033
Lagged Ind_median	0.526*** (13.62)	0.503*** (8.08)	0.053 (1.49)	0.181 (1.52)	0.0531 (1.50)	0.081
Lagged Overcon		0.009 (0.66)	0.010 (1.43)	0.006 (0.51)	0.010 (1.44)	0.009

续表

	OLS	OLS	OLS	FE	BB	LSDVC
Year	Yes	Yes	Yes	Yes	Yes	Yes
R^2/within R^2	0.2717	0.3175	0.7700	0.6730		
N	1642	1642	1642	1642	1642	1642

注：标准误差经公司和年度层面 cluster 调整，括号内为 T 值；*、**、*** 分别表示在 10%、5%、1% 水平下显著。LSDVC 的估计程序未提供标准误，因而未汇报。

从表 3－2 可以看出，解释变量 Lagged MB、Lagged DEP_TA、Lagged FA_TA 的系数符号以及显著性在几个模型中比较一致，而 Lagged EBIT_TA 以及 Lagged Ind_median 在不同模型间的显著性有所变化。Flannery 和 Hankins（2013）在其研究中发现，利用 LSD-VC 对资本结构动态面板模型进行估计时得到的结果是最精确的。因此，文中利用 LSDVC 估计得到的目标资本结构为基础来计算资本结构的调整速度，由于 LSDVC 过程没有提供 T 值，因此未予以报告。此外，可以发现过度自信对目标资本结构没有显著的影响，这表明过度自信的管理者主要从调整成本和风险认知上影响资本结构调整速度。

表 3－3 是利用模型（1）对资本结构基准调整速度的估算，第一列是对样本公司总体调整速度的估算，可以看出 Dev 的系数为 0.384，显著性水平为 1%，这表明随着偏离程度的提高，企业下一年调整资本结构的幅度越大，样本公司平均调整速度为 38.4%。Öztekin 和 Flannery（2012）对 1991～2006 年间 37 个国家的调整速度进行了测算，账面杠杆的调整速度在 3.65%～43.25% 之间。由于本书的测算方法与其一致，调整速度的可比性较强，可以看出中国上市公司资本结构的调整速度是比较快的。第二列和第三列分别是对低于目标资本结构和高于目标资本结构时的调整速度的测算，

可以看出低于目标资本结构时调整速度略有降低，平均调整速度为36.9%，而高于目标资本结构时略有上升，平均调整速度达到39.4%。为检验二者回归系数的差异，采用跨样本检验结果显示向下调整速度显著高于向上调整速度，这与已有研究发现资本结构调整具有非对称性，而高于目标资本结构时调整速度更快是一致的（Hovakimian，2004；Faulkender et al.，2012）。Korteweg（2010）认为这是由于高于目标资本结构时，企业价值会随债务水平的上升而迅速减少，而低于目标资本结构时，税盾收益随债务水平的上升呈现出一条较为平缓的曲线。DeAngelo 等（2011）也认为，低于目标资本结构和高于目标资本结构时的调整收益并不对称，高于目标资本结构时由于财务困境成本的存在，企业的调整收益更大。考虑到资本结构调整的非对称性，以下的研究均会按照调整方向进行区分。

表3-3　基准调整速度

	All	Under	Over
Dev	0.384*** (52.52)	0.369*** (33.86)	0.394*** (29.75)
_cons	0.00018 (1.18)	0.00066 (0.40)	0.00291 (1.42)
N	1642	822	820
Adj. R^2	0.677	0.472	0.622

注：标准误差经公司和年度层面 cluster 调整，括号内为 T 值；*、**、*** 分别表示在10%、5%、1%水平下显著。

（2）主动调整速度的估算。

在估算资本结构调整速度时，模型（1）是以上期期末的 $Lev_{i,t-1}$ 作为调整起点，但经营利润会改变企业的资本结构，这部分调整并不涉及交易成本，属于机械调整。而企业资本结构的主动调整应该从剔除这部分影响后作为起点。因此，借鉴 Faulkender 等（2012）的研究文中重新设定资本结构的调整起点即 $Lev^{p}_{i,t-1}$，重点考察管理者主观意愿能影响的部分，即企业资本结构主动调整部分。Dev^{a} 是目标资本结构与剔除机械调整后实际资本结构之间的差异，即 $Lev^{*}_{i,t}-Lev^{p}_{i,t-1}$，该项的回归系数代表的就是资本结构主动调整速度。具体的检验结果如表 3-4 所示。

表 3-4　　主动调整速度

	All	Under	Over
Dev^{a}	0.349 *** (23.02)	0.337 *** (12.39)	0.380 *** (29.25)
_cons	0.0034 *** (5.08)	0.0008 (0.41)	0.0010 (0.36)
N	1642	822	820
Adj. R^2	0.614	0.481	0.514

注：标准误差经公司和年度层面 cluster 调整，括号内为 T 值；*、**、*** 分别表示在 10%、5%、1% 水平下显著。

由表 3-4 可知，全样本的平均主动调整速度为 34.9%，并在 1% 的水平下显著。可见，样本公司在剔除了机械调整后，主动调整速度比基准调整速度有所下降。一个可能的原因是本书样本的中位数公司净利润大于 0 并落在高于目标资本结构的样本中，所以估算的主动调整速度会降低。与调整速度一致，向下主动调整速度高于向上主动调整速度，二者分别为 38% 和 33.7%，对两组样本系数差异的 F 检验同样证实了高于目标资本结构时的主动调整速度显著更快。只有主动调整才会涉及金融市场活动，才会发生调整成本，因此更为准确地衡量了企业真实的主动调整，下文将持续关注企业在主动调整速度上的表现。

（3）管理者过度自信对资本结构主动调整速度的影响。

同理，为了考察管理者过度自信对主动调整速度的影响，本书在模型（4）的基础上，添加了管理者过度自信与资本结构主动偏离的交叉项即 Overcon × Dev^a，系数 γ_1 是该模型检验关注的重点，反映了管理者过度自信对主动调整速度的影响。具体结果如表 3-5 所示。

表 3-5　　管理者过度自信与主动调整速度

	All	Under	Over
Dev^a	0.356*** (20.73)	0.344*** (11.37)	0.385*** (28.31)
Overcon × Dev^a	-0.053** (-2.01)	-0.039* (-1.72)	-0.062* (-1.69)
_cons	0.0034 (5.29)	0.00073 (0.35)	0.0011 (0.39)
N	1642	822	820
Adj. R^2	0.615	0.482	0.516

注：标准误差经公司和年度层面 cluster 调整，括号内为 T 值；*、**、*** 分别表示在 10%、5%、1% 水平下显著。

由表 3-5 可知，全样本中非过度自信的管理者所在企业的主动调整速度为 35.6%，而过度自信管理者与主动偏离的系数在 5% 的水平下显著为负，主动调整速度下降了 5.3%，下降幅度约为 15%，这说明管理者过度自信在主动调整速度方面带来的负向经济影响更大。进一步区分调整方向来看，低于目标资本结构时，过度自信管理者所在企业的主动调整速度下降了 3.9%，而在高于目标资本结构时，过度自信管理者所在企业的主动调整速度下降更多，为6.2%，显著性水平均在10%以下。同时，文中还对两样本进行了跨模型检验，F检验结果显示过度自信管理者对向上和向下主动调整速度的影响不存在显著性差异。由此可以看出，表3-5的回归结果有力地支持了管理者过度自信对资本结构调整速度存在负向影响，过度自信管理者对资本结构调整成本和调整收益的错误认知，无论是在向上还是向下趋向目标资本结构的过程中都降低了调整速度，不利于企业价值的提升，并且不论是在统计意义还是经济意义上都不容忽视。

3.4.2　管理者过度自信与资本结构调整方式

文中进一步探讨管理者过度自信如何影响企业赖以实现调整资本结构的方式，即关注管理者过度自信对动态调整的作用机理。管理者过度自信不仅影响了资本结构的调整效果即调整速度，而且在调整方式上同样存在影响。

当企业的资本结构低于目标水平时，主要可以通过增加有息负债和负权益融资两种方式实现调整。借鉴已有文献，通过增加有息债务和现金分红是否超过总资产的5%来定义一个公司当年是否通过该方式实现资本结构调整（Hovakimian et al.，2001；Korajczyk and Levy，2003；Leary and Roberts，2005）。在此基础上，对模型（6）进行了Probit回归，检验管理者过度自信对企业在偏离目标水平时选择调整方式的影响，具体结果如表3-6所示，为了增加结果的稳健性，文中分别报告了是否控制年度和行业固定效应下的结果。Dev^a的系数表示资本结构的偏离是否导致企业增加了通过增加有息负债和负权益融资实现调整的概率，而过度自信的管理者与资本结构偏离的交叉项系数则表示管理者过度自信是否增加了通过该种方式实现调整的倾向。

表 3-6 管理者过度自信与资本结构调整方式

Panel A：Under	增加有息负债		负权益融资	
Dev^a	9.488 *** (9.90)	9.837 *** (9.90)	0.124 *** (3.17)	0.275 *** (3.34)
$Dev^a \times Overcon$	-0.859 (-0.34)	-0.852 (-0.32)	2.703 ** (2.31)	2.650 * (1.92)
Overcon	0.200 (0.74)	0.178 (0.63)	-1.379 *** (-3.36)	-1.369 *** (-2.81)
EBIT_TA	2.187 *** (2.66)	2.045 ** (2.35)	3.753 ** (2.36)	5.762 *** (3.25)
MB	-0.0447 (-0.78)	-0.0749 (-1.15)	0.0417 (0.45)	-0.119 (-0.89)
DEP_TA	4.106 (0.75)	1.839 (0.32)	0.779 (0.10)	-0.816 (-0.11)
LnTA	0.235 *** (3.39)	0.260 *** (3.37)	0.146 * (1.68)	0.0969 (0.90)
FA_TA	0.691 (1.41)	1.004 ** (1.99)	-1.535 ** (-2.04)	-2.091 *** (-2.82)
Indlev	-0.707 (-1.11)	0.659 (0.73)	1.503 (1.55)	0.871 (0.56)
_cons	-6.098 *** (-4.23)	-6.603 *** (-4.02)	-4.853 *** (-2.69)	-4.631 ** (-1.96)
Year	No	Yes	No	Yes
Industry	No	Yes	No	Yes
N	822	822	822	822
Pseudo R^2	0.262	0.297	0.093	0.195
Panel B：Over	偿还有息负债		正权益融资	
Dev^a	3.054 *** (4.27)	2.884 *** (4.22)	1.332 *** (4.14)	1.623 *** (4.10)

续表

Panel B：Over	偿还有息负债		正权益融资	
$Dev^a \times$ Overcon	3.785* (1.93)	3.404** (2.01)	−0.549 (−0.65)	−0.728 (−0.84)
Overcon	−0.443** (−2.09)	−0.404* (−1.89)	0.151 (0.85)	0.156 (0.82)
EBIT_TA	−2.491*** (−3.82)	−2.592*** (−3.88)	2.140*** (3.79)	2.006*** (3.10)
MB	−0.0376 (−0.88)	−0.0542 (−1.13)	0.00733 (0.16)	−0.0415 (−0.79)
DEP_TA	9.351* (1.93)	7.552 (1.53)	−6.525 (−1.24)	−7.058 (−1.25)
LnTA	0.140** (2.48)	0.149*** (2.67)	−0.0830 (−1.33)	−0.112* (−1.68)
FA_TA	−0.555 (−1.17)	−0.265 (−0.55)	0.854* (1.68)	0.569 (1.03)
Indlev	0.0553 (0.09)	−0.805 (−0.96)	−0.221 (−0.34)	0.437 (0.51)
_cons	−3.502*** (−2.95)	−4.344*** (−3.25)	0.416 (0.32)	−3.132** (−2.15)
Year	No	Yes	No	Yes
Industry	No	Yes	No	Yes
N	820	820	820	820
Pseudo R^2	0.150	0.177	0.059	0.105

注：标准误差经公司和年度层面 cluster 调整，括号内为 T 值；*、**、*** 分别表示在 10%、5%、1% 水平下显著。

表 3−6 Panel A 的结果显示，不论是对增加有息负债还是负权益融资进行回归，Dev^a 的系数都在 1% 的水平上显著为正，这表

明，当资本结构低于目标水平时，偏离绝对值 Dev^a 越大，增加有息负债和分红的可能性越大，趋向目标资本结构的可能性就越大。同时，也说明增加有息负债和负权益融资在我国都是有效的资本结构动态调整方式。此外，在第（1）列对增加有息负债的回归中，资本结构偏离绝对值与管理者过度自信的交叉项系数为 -0.859，但并不显著，可见过度自信的管理者通过增加有息负债的方式影响资本结构调整的作用并不大；而在第（3）列对负权益融资的回归中，管理者过度自信的系数为 -1.379，在1%的水平下显著为负，这与过度自信的管理者认为外部融资成本较高，出于投资的考虑会预留更多的现金、减少现金分红的发现一致。管理者过度自信与偏离绝对值的交叉项系数为2.703，在5%的水平上显著为正，这表明随着偏离程度的增加，过度自信的管理者通过负权益融资即现金分红的方式进行调整的可能性增大。可以看出，由于过度自信的管理者高估了外部债务融资成本，因而当企业的资本结构向下偏离最优目标水平时，主要依赖低成本的内部资金进行现金分红实现资本结构的上调，并且偏离程度越大，该作用越强，从而为文中的假设2a提供了经验支持，进而揭示了低于目标资本结构时，管理者过度自信对企业资本结构上调速度的主要作用路径。由其他控制变量的回归结果可知，息税前利润与增加有息负债和负权益融资的概率显著正相关，说明企业盈利能力越好，获得外部贷款的能力越强，同时有更多的内部资金实现现金分红。企业规模越大，增加有息负债和负权益融资的概率也越高。固定资产占比越高的企业同样增加有息负债的概率更高，这说明这些企业利用抵押能力较强的优势获得了更多增加有息负债进行融资的机会。但固定资产占比较高的企业在负权益融资上的概率更低，表明它们分配现金股利的可能性较低，主要依赖于增加有息负债实现资本结构的上调。此外，在控制年度效应和行业效应后，第（2）列和第（4）列的回归结果与第

(1) 列和第 (3) 列的结果基本一致，模型的解释力 Pseudo R^2 有所上升，但结论并没有发生改变。

不同于低于目标资本结构时的调整方式，当企业需要进行资本结构下调时，主要依赖于减少有息负债和正权益融资两种方式实现调整。此时管理者过度自信对向下调整方式的具体回归结果如表 3－6 的 Panel B 所示。

由结果可以看出，Dev^a 与两种资本结构向下调整方式均在 1%的水平下显著正相关，这表明负债水平超过目标水平越多，企业减少有息负债和进行正权益融资的倾向越高，因此减少有息负债和正权益融资是企业常用的两种实现资本结构向下调整的方式。具体来看过度自信的管理者对这两种调整方式的影响，首先，从减少有息负债方面，以第 (1) 列为例，过度自信变量的系数为 －0.443，在 5%的水平下显著为负。可见，过度自信的管理者会降低企业减少有息负债的可能性，这是因为过度自信的管理者低估了企业发生财务危机的概率，对风险的低估使其向下调整的可能性降低，从而最终导致企业资本结构调整速度下降。其次，从过度自信与偏离绝对值的交叉项系数来看，在第 (1) 和第 (2) 列中显著为正，系数大小分别为 3.785 和 3.404，显著性水平分别为 10% 和 5% 。这表明，随着企业资本结构偏离目标资本结构越多，如果过度自信的管理者进行资本结构调整，那么会倾向于通过减少有息负债的方式实现资本结构的下调。接下来，从正权益融资方面来看，在第 (3) 和第 (4) 列的回归结果中并没有发现过度自信的管理者产生了显著的影响，过度自信单独项与正权益融资的系数在两列中分别为 0.151 和 0.156，但并不显著。即使在偏离程度较高的情况下，过度自信的管理者也没有表现出加大发行公司股票以降低负债水平的可能性，过度自信管理者与主动偏离的交叉项系数为负，并且不显著。可以看出，过度自信的管理者认为市场低估了股票价格，不愿意增发股票实现调整。此外，中国上市公司的股权再融资一直受到严格管制，不仅抬高了进入门槛，而且也造成了股权融资成本的上升，这也使过度自信的管理者在选择调整方式时有所偏倚。当偏离程度较高时会倾向依赖于偿还有息债务的方式实现资本结构的下调，从而有力地支持了文中的假设2b，也进一步揭示了过度自信管理者对资本结构向下趋近目标水平的作用路径。其他控制变量上较为一致的发现是，当企业资本结构发生向上偏离时，盈利能力较强的企业偿还有息负债的概率较低，而进行正权益融资的概率较高，这表明这种企业更容易获得资本市场对企业价值较高的评价，从而利用权益融资实现资本结构的低成本调整。此外，企业规模越大，累计折旧较高的企业偿还有息负债的概率也较高。而固定资产占比较高的企业则通过正权益融资的方式实现资本结构调整的概率越高。

3.5　稳健性检验

为了确保本书模型估计结果的有效性，我们分别为管理者过度自信影响调整速度和调整方式做了多项稳健性检验，具体从以下几个方面展开。

3.5.1　管理者过度自信与资本结构调整速度

（1）其他过度自信的代理变量。

文中对过度自信的衡量方式采用的是一年中是否存在乐观的盈利预测，但是哑变量无法衡量管理者过度自信的程度。因此，本书构建了管理者过度自信的另一个代理变量 Sumover，为考察管理者过度自信程度变化如何影响资本结构动态调整提供经验证据。Sumover 具体定义为对一年内管理者提供乐观性盈利预测的总次数加 1 后取自然对数。在此基础上，本书利用 Sumover 对文中的主要检验再次进行了回归，具体结果如表 3 -7 所示。

表 3 -7　　管理者过度自信（SUMOVER）与调整速度

	All	Under	Over
Dev^a	0.355 *** (20.75)	0.545 *** (14.58)	0.344 *** (11.41)
$Sumover \times Dev^a$	-0.0745 ** (-1.97)	-0.0974 ** (-2.18)	-0.0897 * (-1.72)
_cons	0.0034 *** (5.24)	-0.033 *** (-7.03)	0.0014 (0.51)
N	1642	822	820
Adj. R^2	0.615	0.697	0.516

注：标准误差经公司和年度层面 cluster 调整，括号内为 T 值；*、**、*** 分别表示在 10%、5%、1% 水平下显著。

在全样本中 $Sumover \times Dev^a$ 的系数为 -0.0745，显著性水平为 5%，说明从总体来看，管理者过度自信与调整速度显著负相关。区分调整方向后，在低于目标资本结构组中，该系数为 -0.0974，显著性水平为 5%，在高于目标资本结构时，负向影响有所下降，为 -0.0897，在 10% 的水平下显著，再次验证了管理者过度自信程度越强对资本结构调整速度的负向影响越大的结论。

此外，已有文献还常采用管理者相对薪酬（姜付秀等，2009）衡量管理者过度自信。因而本书采用了管理者相对薪酬（Hsalary）来衡量管理者过度自信的水平。具体定义为企业前三名高管薪酬之和与行业年度前三名高管薪酬均值之比。由于国有企业存在管理者薪酬管制的现象，难以用来衡量管理者过度自信，因而本书对非国有企业的样本进行了检验。具体检验结果如表 3 - 8 所示。

表 3 - 8　　管理者过度自信（HSALARY）与调整速度

	All	Under	Over
Dev[a]	0.270 *** (13.10)	0.217 *** (7.65)	0.293 *** (10.76)
Hsalary × Dev[a]	-0.0417 ** (-2.18)	0.0292 (0.81)	-0.0735 *** (-3.41)
_cons	0.00547 *** (5.81)	0.00336 (1.12)	0.00574 ** (1.98)
N	2177	976	1201
Adj. R-sq	0.361	0.170	0.312

注：标准误差经公司和年度层面 cluster 调整，括号内为 T 值；*、**、*** 分别表示在 10%、5%、1% 水平下显著。

全样本中可以发现，管理者相对薪酬越高，代表了管理者过度自信的水平越高，Hsalary × Dev[a] 的系数为 -0.0417，在 5% 的水平下显著为负。这表明管理者过度自信显著降低了企业的资本结构调整速度，并且与基本速度 27% 相比，具有显著的经济意义。区分方向来看，在高于目标资本结构组，Hsalary × Dev[a] 的系数更大，为 -0.0735，显著性水平为 1%。可见，在资本结构下调过程中，管理者过度自信的作用更大。在低于目标资本结构组，并没有发现管理者过度自信有显著影响，这表明此时管理者相对薪酬的大小影响较弱，这与薪酬水平指标反映了代理问题有关。在低于目标资本结构时，管理者由于代理问题，提高杠杆水平的动力不足。可见，以上检验基本支持了原文的假设，即管理者过度自信降低了企业的资本结构调整速度。

（2）控制管理者的其他特征。

管理者除了个人认知偏差能影响资本结构动态调整外，很多其他个人基本特征对企业资本结构决策的影响也不容忽视，并且可能与管理者过度自信的特征存在关联。Huang 和 Kisgen（2013）的研究发现男性高管与女性高管相比举债更多，也更乐衷于并购，而女性高管则更为谨慎，在盈利预测发布时会提供更宽的预测区间，并且行使期权相对较早。此外，还有研究发现管理者年龄越大，同样在投资决策和负债水平上也会越谨慎（姜付秀等，2009；江伟和黎文靖，2009）。可见，管理者的性别和年龄等特征可能会与过度自信存在相关性，导致本书的研究可能存在遗漏变量的问题。基于此，本书在已有模型的基础上，添加了管理者年龄和管理者性别的变量，控制这两个因素可能存在的影响，对本章的研究假设重新进行了回归分析，具体结果如表 3 -9 所示。

表 3 -9　　控制管理者的其他特征——调整速度

Panel A：控制管理者年龄	All	Under	Over
Dev^a	0.424 (1.41)	0.440** (2.09)	0.317 (0.77)
$Dev^a \times Overcon$	-0.049** (-2.42)	-0.089* (-1.83)	-0.041** (-1.97)
$Dev^a \times age$	-0.008 (-0.11)	-0.120 (-1.18)	0.023 (0.21)
_cons	0.00049 (0.84)	0.00043 (0.18)	0.0046* (1.73)
N	1255	594	661
Adj. R^2	0.671	0.429	0.625

续表

Panel B：控制管理者性别	All	Under	Over
Dev^a	0.427*** (12.59)	0.470*** (6.62)	0.427*** (12.19)
Dev^a × Overcon	-0.049** (-2.38)	-0.086* (-1.81)	-0.041** (-1.97)
Dev^a × gender	-0.036 (-1.02)	-0.097 (-1.37)	-0.023 (-0.64)
_cons	0.00055 (0.94)	0.00034 (0.14)	0.0047* (1.82)
N	1255	594	661
Adj. R^2	0.671	0.429	0.626
Panel C：控制年龄和性别	**All**	**Under**	**Over**
Dev^a	0.471 (1.56)	0.421** (2.28)	0.350 (0.83)
Dev^a × Overcon	-0.049** (-2.36)	-0.086* (-1.77)	-0.041* (-1.96)
Dev^a × age	-0.011 (-0.15)	-0.118 (-1.14)	0.020 (0.18)
Dev^a × gender	-0.037 (-1.04)	-0.095 (-1.32)	-0.022 (-0.59)
_cons	0.000557 (0.95)	0.000410 (0.17)	0.00466* (1.79)
N	1255	594	661
Adj. R^2	0.671	0.430	0.625

注：标准误差经 cluster 调整，括号内为 T 值；*、**、*** 分别表示在 10%、5%、1% 水平下显著。

由 Panel A 结果可以看出，控制管理者的年龄后，过度自信的管理者与资本结构偏离的交叉项系数在全样本中为 -0.049，显著性水平为5%。区分调整方向后，二者的交叉项系数在低于目标资本结构组和高于目标资本结构组分别为 -0.089 和 -0.041，分别在 10% 和 5% 的水平下显著为负。$Dev^a \times age$ 的系数在全样本中为 -0.008，但并不显著，在低于目标资本结构组和高于目标资本结构组中也均不显著，说明管理者年龄对资本结构动态调整速度不存在显著性影响。可见，在控制年龄因素后，管理者过度自信的心理特征依然显著降低了资本结构的调整速度，从而排除了年龄因素的干扰。

Panel B 在对管理者过度自信与调整速度的检验中控制了管理者性别的影响，当管理者为男性时 gender = 1，管理者为女性时，gender = 0。$Dev^a \times gender$ 的系数在全样本和两个子样本中均为负，但并不显著，说明管理者性别并未对企业的资本结构动态调整速度产生显著性影响。而 $Dev^a \times Overcon$ 的系数依然显著为负，在全样本中为 -0.049，显著性水平为5%，在低于目标资本结构时负向影响更大，为 -0.086，显著性水平为 10%，而在高于目标资本结构时影响略低，为 -0.041，显著性水平为 5%，系数大小和方向与控制管理者年龄时基本一致，这表明管理者过度自信降低调整速度的结论较为稳健，不受管理者性别因素的干扰。

Panel C 是将管理者性别和年龄同时加入检验模型的回归结果，$Dev^a \times Overcon$ 的系数大小和方向保持不变，在全样本和两个子样本中均显著为负，表明在控制管理者年龄和性别因素后，管理者过度自信与资本结构调整速度依然显著负相关，再次验证了本书结论不受遗漏变量的影响，具有较强的稳健性。

3.5.2　管理者过度自信与资本结构调整方式

（1）其他过度自信的代理变量。

首先，本书用过度自信的替代变量 Sumover 重新检验了管理者过度自信对调整方式的影响，具体如表 3 – 10 所示。

表 3 – 10　　管理者过度自信（SUMOVER）与调整方式

Panel A：Under	增加有息负债		负权益融资	
Dev^a	7.491*** (6.18)	7.910*** (6.24)	0.479*** (3.70)	0.629*** (3.85)
Dev^a × Sumover	0.104 (0.05)	−0.00932 (−0.00)	2.355** (2.07)	2.204* (1.74)
Sumover	0.189 (0.77)	0.182 (0.71)	−1.314*** (−3.21)	−1.329*** (−2.89)
EBIT_TA	2.456*** (3.34)	2.368*** (3.04)	3.738** (2.37)	4.802*** (3.08)
MB	−0.0285 (−0.53)	−0.0666 (−1.10)	0.0458 (0.50)	0.0443 (0.41)
DEP_TA	2.125 (0.41)	−0.0629 (−0.01)	0.499 (0.07)	0.0196 (0.00)
LnTA	0.226*** (3.34)	0.249*** (3.31)	0.146* (1.66)	0.136 (1.31)
FA_TA	0.792* (1.70)	1.057** (2.19)	−1.535** (−2.03)	−1.964*** (−2.64)
Indlev	−0.687 (−1.09)	0.377 (0.41)	1.467 (1.52)	1.331 (1.02)
_cons	−5.728*** (−4.02)	−6.126*** (−3.74)	−4.878*** (−2.68)	−5.397** (−2.37)
Year	No	Yes	No	Yes
Industry	No	Yes	No	Yes
N	822	822	822	822
Pseudo R^2	0.219	0.258	0.095	0.159

续表

Panel B：Over	减少有息负债		正权益融资	
Dev^a	2. 784 *** (3. 85)	2. 632 *** (3. 71)	1. 200 *** (3. 73)	1. 411 *** (3. 66)
Dev^a × Sumover	3. 871 ** (2. 32)	3. 544 ** (2. 32)	-0. 507 (-0. 64)	-0. 611 (-0. 76)
Sumover	-0. 470 ** (-2. 22)	-0. 427 ** (-2. 05)	0. 164 (0. 99)	0. 169 (0. 96)
EBIT_TA	-2. 990 *** (-4. 67)	-3. 061 *** (-4. 69)	1. 920 *** (3. 45)	1. 721 *** (2. 68)
MB	-0. 0473 (-1. 15)	-0. 0634 (-1. 40)	0. 00594 (0. 13)	-0. 0395 (-0. 76)
DEP_TA	9. 430 * (1. 88)	7. 689 (1. 50)	-6. 260 (-1. 19)	-6. 585 (-1. 16)
LnTA	0. 127 ** (2. 23)	0. 137 ** (2. 42)	-0. 0876 (-1. 41)	-0. 115 * (-1. 74)
FA_TA	-0. 639 (-1. 35)	-0. 348 (-0. 74)	0. 827 (1. 62)	0. 533 (0. 95)
Indlev	0. 0866 (0. 15)	-0. 826 (-0. 98)	-0. 201 (-0. 31)	0. 411 (0. 48)
_cons	-3. 162 *** (-2. 64)	-4. 080 *** (-3. 02)	0. 531 (0. 41)	-3. 054 ** (-2. 12)
Year and Industry	No	Yes	No	Yes
N	820	820	820	820
Pseudo R^2	0. 149	0. 177	0. 058	0. 102

注：标准误差经 cluster 调整，括号内为 T 值；*、**、*** 分别表示在 10%、5%、1% 水平下显著。

Panel A 中，当低于目标资本结构时，过度自信的连续指标与主动偏离的交叉项系数在对增加有息负债的回归中并不显著。但是，在对负权益融资的回归列中显著为正，在未控制年度和行业效应时，$Dev^a \times Sumover$ 的系数为 2.355，显著性水平为 5%，控制年度和行业效应后则有所下降，为 2.204，显著性水平为 10%。由此可见，当企业偏离目标资本结构并且是低于目标水平时，管理者过度自信的水平越高，企业通过负权益融资方式进行调整的概率越高。Sumover 项则与负权益融资显著负相关，表明企业的资本结构未发生偏离时，管理者越过度自信，发放现金股利的意愿越低。其他的控制变量上可以看出，在低于目标资本结构时，企业的盈利能力越强，企业增加有息负债和负权益融资的概率越高；企业的规模越大，增加有息负债和负权益融资的概率也越高；如果企业固定资产占比越高，企业通过增加有息负债进行上调的概率也越高，而通过负权益融资进行上调的概率越低。

Panel B 中，当企业高于目标资本结构时，管理者过度自信与主动偏离的交叉项系数在对减少有息负债的回归中显著为正。未控制年度和行业效应时，它们的交叉项系数为 3.871，控制年度和行业效应时，降为 3.544，均在 5% 的水平下显著。但 $Dev^a \times Sumover$ 的系数在对正权益融资的回归中不显著，这表明在高于目标资本结构组，企业发生资本结构偏离时，过度自信的管理者增加了企业通过偿还有息负债实现调整的概率。但同样也可发现，Sumover 单独项的系数显著为负，说明未发生资本结构偏离时，管理者过度自信的程度越高，偿还有息负债的概率越低。结合 Panel A 和 Panel B 的结果可以看出，过度自信的管理者在面对资本结构偏离时，如果进行调整，更倾向于通过内部资金的方式实现。因此，通过使用管理者过度自信的替代变量再次支持了文中的假设 2，表明相关结论是稳健的。

接下来，本书再次采用了管理者相对薪酬（Hsalary）来衡量管理者过度自信的水平，用以检验其对调整方式的影响。具体检验结果如表 3 - 11 所示。

表 3 - 11　　管理者过度自信（HSALARY）与调整方式

	增加有息负债	负权益融资	偿还有息负债	正权益融资
Dev^a	-1.609 ** (-2.42)	-0.798 (-0.50)	2.007 *** (5.59)	0.908 *** (3.18)
Dev^a × Hsalary	0.638 (1.55)	1.525 * (1.91)	0.754 ** (1.98)	-0.326 (-0.88)
Hsalary	-0.0112 (-0.17)	-0.0536 (-0.46)	-0.199 ** (-2.18)	-0.00883 (-0.15)
EBIT_TA	0.145 (0.22)	5.392 ** (2.33)	-1.338 ** (-2.49)	1.142 ** (1.97)
MB	-0.0467 (-0.99)	0.115 (0.99)	-0.0744 * (-1.66)	0.0469 (1.34)
DEP_TA	-6.872 (-1.49)	44.61 *** (2.74)	-3.757 (-0.84)	-4.481 (-1.24)
LnTA	0.185 *** (3.09)	0.260 * (1.86)	0.0259 (0.43)	0.0820 (1.42)
FA_TA	0.508 (1.22)	-4.971 *** (-3.05)	0.206 (0.51)	0.385 (1.08)
Indlev	0.181 (0.26)	-0.005 (-0.00)	3.061 * (1.79)	-0.618 (-1.08)
_cons	-4.655 *** (-3.62)	-8.204 *** (-2.67)	-1.996 (-1.46)	-2.788 ** (-2.29)
Year and Industry	Yes	Yes	Yes	Yes
N	976	976	1201	1201
Pseudo R^2	0.061	0.076	0.153	0.021

注：标准误差经公司和年度层面 cluster 调整，括号内为 T 值；*、**、*** 分别表示在 10%、5%、1% 水平下显著。

由回归结果可知，在低于目标资本结构时，$Dev^a \times Hsalary$ 的系数在负权益融资回归列为 1.525，在 10% 的水平下显著为正，这表明过度自信的管理者在资本结构偏离时更倾向于采用负权益融资的方式实现资本结构下调。而在高于目标资本结构时，$Dev^a \times Hsalary$ 的系数在偿还有息负债列为 0.754，在 5% 的水平下显著为正，表明此时过度自信的管理者更倾向于通过偿还有息负债的方式实现资本结构下调。由此，再次验证了本章的主要结论，即过度自信的管理者更多采用内部资金的方式实现资本结构调整。

（2）控制管理者的其他特征。

本书控制管理者的其他特征对调整方式再次回归，具体结果如表 3-12 所示。

表 3-12　控制管理者其他特征——调整方式

Panel A：Under	增加有息负债		负权益融资	
Dev^a	35.43* (1.94)	41.62** (2.13)	25.54 (1.54)	45.35** (2.16)
$Dev^a \times$ Overcon	-1.211 (-0.51)	-1.699 (-0.69)	3.568* (1.89)	2.038* (1.81)
$Dev^a \times$ Age	-3.019 (-0.69)	-4.255 (-0.91)	-7.693* (-1.78)	-13.25** (-2.43)
$Dev^a \times$ Gender	-17.91*** (-3.48)	-18.91*** (-3.36)	4.247 (1.27)	6.136* (1.80)
Age	0.175 (0.25)	0.117 (0.15)	0.686 (0.69)	1.130 (1.07)
Gender	1.428** (2.35)	1.648*** (2.60)	-0.301 (-0.57)	-0.310 (-0.55)
Overcon	0.272 (0.90)	0.289 (0.96)	-1.390*** (-2.92)	-1.229** (-2.15)

续表

Panel A：Under	增加有息负债		负权益融资	
EBIT_TA	3.013*** (3.81)	3.098*** (3.68)	3.704** (2.20)	5.737*** (2.92)
MB	−0.0605 (−0.88)	−0.0879 (−1.15)	−0.0277 (−0.25)	−0.155 (−0.98)
DEP_TA	0.758 (0.14)	−2.244 (−0.35)	2.553 (0.33)	1.355 (0.18)
LnTA	0.200** (2.54)	0.240*** (2.70)	0.120 (1.24)	0.105 (0.85)
FA_TA	0.808 (1.64)	0.985* (1.88)	−1.676** (−2.17)	−2.307*** (−2.89)
Indlev	−1.483** (−1.97)	−0.316 (−0.30)	0.972 (0.86)	0.985 (0.56)
Year and Industry	No	Yes	No	Yes
N	594	594	594	594
Pseudo R^2	0.180	0.227	0.092	0.201
Panel B：Over	减少有息负债		正权益融资	
Dev^a	2.144 (0.14)	1.731 (0.11)	3.159 (0.37)	4.249 (0.47)
Dev^a × Overcon	1.832 (0.86)	1.677 (0.83)	−1.350** (−2.31)	−1.449** (−2.48)
Dev^a × Age	3.807 (0.99)	3.975 (1.09)	−0.139 (−0.06)	−0.266 (−0.12)
Dev^a × Gender	−14.47*** (−2.88)	−14.84*** (−2.80)	−1.605 (−1.07)	−2.023 (−1.17)
Age	−0.671 (−1.09)	−0.664 (−1.09)	−0.635 (−1.21)	−0.654 (−1.23)

续表

Panel B：Over	减少有息负债		正权益融资	
Gender	1.261** (2.25)	1.354** (2.43)	0.466 (1.17)	0.535 (1.21)
Overcon	−0.188 (−0.62)	−0.232 (−0.76)	0.231 (1.02)	0.249 (1.03)
EBIT_TA	−2.582*** (−4.37)	−2.655*** (−4.30)	2.078*** (3.36)	1.863*** (2.59)
MB	−0.0443 (−0.98)	−0.0370 (−0.77)	0.0222 (0.42)	−0.0272 (−0.48)
DEP_TA	7.153 (1.35)	5.592 (1.01)	−4.315 (−0.77)	−3.945 (−0.65)
LnTA	0.139** (2.21)	0.145** (2.31)	−0.0830 (−1.20)	−0.113 (−1.51)
FA_TA	−0.584 (−1.18)	−0.263 (−0.53)	0.682 (1.25)	0.365 (0.62)
Indlev	−0.268 (−0.39)	−1.227 (−1.30)	−0.378 (−0.49)	0.0913 (0.09)
Year and Industry	No	Yes	No	Yes
N	661	661	661	661
Pseudo R^2	0.132	0.161	0.066	0.115

注：标准误差经 cluster 调整，括号内为 T 值；*、**、*** 分别表示在 10%、5%、1% 水平下显著。

由回归结果可知，当控制性别和年龄的影响后，在低于目标资本结构组 Panel A 的回归结果中，$Dev^a \times Overcon$ 的系数，在对负权益融资的回归中显著为正，说明过度自信的管理者显著增加了企业通过现金分红的方式进行调整的概率。此外，还发现 $Dev^a \times Age$ 的系数在对负权益融资的回归中显著为负，表明管理者的年龄越大，通过负权益融资进行调整的概率越低。Dev^a ×Gender 的系数在对增加有息负债的回归中显著为负，而在对负权益融资的回归中显著为正，这表明管理者如果为男性，则通过增加有息负债实现资本结构上调的概率越低，他们更倾向于通过现金分红的方式实现调整。

在高于目标资本结构组 Panel B 的回归中则发现，Dev^a ×Overcon 在减少有息负债的回归中系数为正，但并不显著，而对正权益融资的回归中系数为负，并在5%的水平下显著，可见与前文不同的是，控制年龄与性别后并没有发现管理者过度自信增加了企业通过偿还有息负债进行调整的概率，但却表现为显著减少了通过发行股票进行调整的概率，这同样支持了管理者过度自信在选择调整方式上的倾向性，即不愿通过外部融资的方式进行调整，而更倾向于通过内部资金实现调整。因而，在控制管理者的性别和年龄后回归结果再次支持了文中的结论，表明文中的研究不受遗漏变量的影响。

（3）模型设定问题。

本书在考察管理者过度自信对调整方式的影响时，使用的回归方法是 Probit 回归，即假定随机变量符合正态分布。为避免模型假定带来的估计偏差，文中使用 Logit 回归，假设随机变量服从逻辑概率分布，对管理者过度自信与调整方式再次回归，具体结果如表3-13所示。

在 Panel A 低于目标资本结构组，Dev^a ×Overcon 的系数与增加有息负债的概率无显著关系，而与负权益融资的概率呈显著正相关关系。而在高于目标资本结构组 Panel B 的回归中，Dev^a ×Overcon 的系数与减少有息负债显著正相关，而与正权益融资无显著关系。其他控制变量上也基本与前文保持一致，因此，本书利用 Logit 回归的结果再次支持了假设2，即过度自信的管理者在调整方式的选择上更倾向于采用内部资金的方式实现调整。

表 3 – 13　　管理者过度自信与调整方式的 Logit 回归

Panel A：Under

	增加有息负债		负权益融资	
Dev^a	14.36 *** (8.31)	15.35 *** (8.32)	0.958 *** (3.65)	1.169 *** (3.74)
Dev^a × Overcon	−1.747 (−0.46)	−1.602 (−0.40)	5.039 ** (2.16)	4.346 * (1.75)
Overcon	0.355 (0.86)	0.314 (0.72)	−3.022 ** (−2.54)	−2.894 ** (−2.40)
EBIT_TA	3.861 *** (2.63)	3.759 ** (2.33)	8.120 ** (2.29)	11.71 *** (2.84)
MB	−0.0732 (−0.71)	−0.129 (−1.13)	0.0248 (0.12)	−0.307 (−1.04)
DEP_TA	6.483 (0.67)	2.025 (0.20)	5.653 (0.36)	−0.926 (−0.06)
LnTA	0.399 *** (3.39)	0.442 *** (3.32)	0.258 (1.44)	0.172 (0.77)
FA_TA	1.319 (1.55)	1.890 ** (2.18)	−3.222 ** (−1.98)	−3.912 ** (−2.57)
Indlev	−1.260 (−1.17)	1.032 (0.68)	2.427 (1.13)	1.260 (0.37)
Year	No	Yes	No	Yes
Industry	No	Yes	No	Yes
N	822	822	822	822
Pseudo R^2	0.229	0.269	0.094	0.151

续表

Panel B：Over				
	减少有息负债		正权益融资	
Dev^a	6.383*** (3.79)	6.116*** (3.45)	2.028*** (3.15)	2.540*** (2.77)
$Dev^a \times$ Overcon	4.481* (1.81)	4.056* (1.78)	-0.809 (-0.47)	-1.118 (-0.63)
Overcon	-0.637 (-1.60)	-0.599 (-1.51)	0.254 (0.79)	0.257 (0.74)
EBIT_TA	-4.162*** (-3.72)	-4.244*** (-3.68)	3.645*** (3.53)	3.586*** (2.92)
MB	-0.0599 (-0.81)	-0.0842 (-1.05)	0.00706 (0.08)	-0.0784 (-0.83)
DEP_TA	15.83** (1.98)	13.10 (1.61)	-10.93 (-1.20)	-12.24 (-1.21)
LnTA	0.217** (2.26)	0.241** (2.53)	-0.138 (-1.25)	-0.208* (-1.74)
FA_TA	-0.829 (-1.04)	-0.358 (-0.46)	1.520* (1.72)	1.066 (1.07)
Indlev	-0.321 (-0.32)	-1.352 (-0.95)	-0.517 (-0.44)	0.547 (0.36)
Year and Industry	No	Yes	No	Yes
N	820	820	820	820
Pseudo R^2	0.159	0.186	0.056	0.101

注：标准误差经 cluster 调整，括号内为 T 值；*、**、*** 分别表示在 10%、5%、1% 水平下显著。

3.6 本章结论

管理者过度自信对财务决策的影响在行为金融学的研究中备受关注，已有研究强调了管理者过度自信对资本结构的影响，但主要集中于静态水平，而没有研究对资本结构动态调整过程的影响。本章利用 2002 ~ 2013 年中国上市公司的数据检验了管理者过度自信如何影响企业资本结构动态决策。结果表明，过度自信的管理者显著降低了资本结构调整速度。进一步，为了探索管理者过度自信作用于调整速度的路径，本章对管理者过度自信与调整方式进行了检验，研究表明过度自信管理者主要依赖于内部资金通过偿还有息负债和现金分红的方式进行调整，从而降低了企业的调整速度。此外，稳健性检验考虑了替代变量、遗漏变量、模型设定等问题，结论依然成立。

本章的研究意味着管理者过度自信的心理偏差会对企业的资本结构动态决策产生不良影响。由于过度自信的管理者高估了企业价值，低估了企业财务危机的可能性，因而会降低调整速度，并在调整方式的选择上产生扭曲。本章的研究有利于企业全面认识管理者过度自信对资本结构的影响，丰富了行为金融学的相关研究，也促进了资本结构理论的发展。

第 4 章

管理者权力、管理者过度自信与资本结构动态调整

4.1 问题的提出

企业存在最优的资本结构，在最优水平下可以保证财务安全，实现企业价值最大化（Leary and Roberts，2005；Lööf，2004；姜付秀等，2008）。但是，企业的资本结构在经营过程中不可避免地受到外部环境以及自身财务状况的影响而发生偏离。因此，企业需要不断趋向目标水平，但不同企业在资本结构动态决策上存在较大差异。前文研究发现管理者过度自信是影响资本结构动态调整的重要因素，过度自信的管理者在资本结构动态决策中往往忽视风险，高估利用外部融资进行调整的成本，因此无法理性估计调整净收益，造成资本结构动态决策的扭曲，最终有损于企业价值。

既然管理者过度自信不利于企业做出正确的资本结构决策，那么如何才能缓解管理者过度自信的认知偏差对资本结构动态决策的扭曲呢？遗憾的是，已有文献大多关注的是管理者过度自信对企业决策的直接影响，而对如何降低管理者过度自信的不良影响探讨甚

少。Malmendier 和 Tate（2008）的研究中提到独立董事应在企业投资项目的评估和选择上发挥更加积极的作用，以缓解过度自信管理者的负向影响，但文中并未对该问题进行检验；Ahmed 和 Duellman（2012）弥补了这一遗憾，他们构建了以独立董事占比、两职合一以及机构投资者持股为基础的综合治理指标，可是并未发现对过度自信的管理者产生了影响。可见，仅有的几篇文献均是从发挥董事会治理作用的角度出发，寻求优化过度自信管理者决策的方法。

本书认为，以上机制能否发挥作用的关键是限制过度自信管理者的决策权。只有削弱了管理者的权力，才能发挥董事会的积极作用，降低过度自信的管理者在公司经营过程中的影响力。否则，董事会很难实现对管理者的监督和约束，只能沦为公司治理的“花瓶”、管理层的附和者，而难以优化公司决策。因此，过度自信的管理者能否对企业决策产生影响与管理者权力的大小密切相关。在现代企业所有权和经营权分离的背景下，管理者作为股东的代理人，在履行受托责任的同时，也握有企业重要的资源配置权，这为他们在企业运营过程中逐渐形成个人权力、最终影响董事会决策、执行个人意愿提供了便利条件。特别是在公司治理不完善、外部治理机制相对薄弱的情况下，管理者的行为得不到有效监督和约束，最容易导致管理者凌驾于董事会之上，造成权力膨胀。管理者权力理论认为管理者权力的大小代表了执行个人意愿的能力（Finkelstein，1992；Finkelstein and Boyd；1998）。管理者权力越大，管理者就拥有更多超出其特定控制权范畴的影响力，从而压制董事会不一致意见，按照个人意志进行决策（March，1988；卢锐等，2008）。

目前，对管理层权力的探讨大多集中在薪酬契约方面，Bebchuk et al.（2002）研究了管理者如何利用职位权力影响薪酬契约的问题，发现权力较大的管理者能够凌驾于董事会之上，增强自身在薪酬设计中讨价还价的能力，从而缔结更有利于私人利益的薪酬契约。Cheng（2005）发现管理层权力是影响薪酬业绩敏感度的重要因素，在企业盈利时，管理层权力增强了薪酬业绩敏感性，而在亏损时，降低了薪酬业绩敏感性。可见，在管理者权力较大时，薪酬契约成为管理者攫取私利的重要途径。随着管理者拥有权力的加强，管理者受到的监督越少，他们运用职位权力不仅操纵盈余获得了更多的货币型薪酬，而且还享受了更多的在职消费（卢锐等，2008；陈冬华等，2005；权小锋和吴世农，2010），制定了更有利于私人利益的股权激励方案（王烨等，2012）。甚至，董事会还会受到拥有较多控制权 CEO 的影响，接受大额并购，而 CEO 则可借机获得高额并购奖金（Grinstein and Hribar，2004），这些行为均降低了产权效率和企业价值。因而，Morse 等（2011）认为管理层权力凌驾于董事会之上时，高管激励契约将成为股东价值损失之源。以上研究均建立在理性人假设之上，考察了管理者出于自利目的，利用职位权力影响企业薪酬契约的话题，但缺乏文献关注管理者过度自信对资本结构动态决策的影响是否因权力大小而不同。但本质上，这两个问题具有共同之处，因为过度自信的管理者只有拥有控制企业的能力才能在企业决策上体现个人意愿。这为本书寻求如何降低管理者过度自信对资本结构动态决策的负面作用提供了解决思路。因此，基于以上的考虑，本章将从限制管理者自身权力的视角出发，检验其是否能够削弱管理者过度自信对资本结构动态决策的负向影响，从而对已有的研究形成有益的补充。

管理者权力在过度自信管理者影响企业资本结构决策中发挥着决定性作用。一方面，在公司决策时，拥有强大剩余控制权的管理者可以通过影响董事会成员的任命而削弱董事会的谈判能力，迫使他们向强势管理者妥协。因此，权力越大的管理者往往在公司董事会中排除异己意见、坚持个人意愿的动机和能力越强，进而凌驾于公司治理之上，掌握企业决策的最终话语权。在这种情况下，如果管理者存在过度自信的心理特征，那么在企业决策中就会有所体现。相反，如果管理者的权力不足以对企业决策产生深度影响力，那么管理者过度自信的心理偏差对企业决策的影响就会得到缓解。Cronqvist等（2012）实证检验发现公司治理能够降低CEO个人偏好对公司决策的影响。此时，管理者的权力得到了制衡，从而避免了内部人控制所导致的“一言堂”现象。Holderness和Sheehan（1988）还发现，大股东具有较丰富的管理运营经验，在介入企业决策的制定与实施中能够弥补管理者存在的考虑不足等问题。可见，即使管理者由于存在认知偏差难以做出正确的企业决策，但如果能较好地限制经理人的自由裁量权，发挥大股东的监管作用，企业的决策也可以得到优化。另一方面，管理者权力的加强容易滋生管理者过度自信的心理倾向。这是由于随着管理者权力的提升，个人在公司决策中的重要性也随之增加，这会促使他们高估自己完成任务的能力（Frank，1935）。同时，当管理者长期处于对企业决策拥有绝对话语权、推崇管理者个人权威的工作氛围时，容易产生控制幻觉，出现过度自信的倾向。Langer（1975）以及Weinstein（1980）的研究就发现握有公司重大战略决策权的高管往往会出现控制幻觉，相信自己能够掌控公司命运，并严重低估经营失败的风险。可见，在公司中盲目赋予管理者过多的剩余控制权是管理者过度自信产生的一个重要根源。因此，从限制管理者权力入手，可以避免或缓解管理者产生过度自信的可能，进而削弱个人认知偏差对企业决策的不良影响。综上所述，加强公司治理，限制管理者个人权力，从理论上来讲既可以从根源上扼制管理者过度自信的水平，而且可以在决策过程中发挥董事会的积极作用，减弱过度自信对企业决策的不良影响。

鉴于以上分析，本章以沪、深证券市场2002~2013年的A股上市公司为研究样本，从管理者权力的角度检验了过度自信管理者对企业资本结构决策的影响。研究结果发现：管理者权力越小，越可能缓解管理者过度自信对资本结构调整速度的负向影响，但只在高于目标资本结构时发挥作用，而在低于目标资本结构时并不显著。具体而言，当大股东可以绝对控股时，管理者权力得到较好的约束，此时可以加快过度自信管理者所在企业的资本结构向下调整速度，并且第一大股东持股比例越高，该作用越强；在资本结构调整方式上，对管理者权力的限制增加了企业通过偿还有息负债实现向下调整的概率，从而揭示了调整速度加快实现的路径。文中还考虑了可能存在的内生性问题，借助经理人变更事件对管理者权力如何影响过度自信与资本结构动态决策二者的关系再次进行了检验，同样发现管理者权力的降低可以优化过度自信管理者的资本结构决策。此外，以上结论在一系列稳健性检验后依然成立。

本章的贡献主要体现在两个方面：第一，以往文献主要关注了管理者权力对管理者自利行为的作用，强调了管理者权力加重了代理问题的影响，而本章则提供了限制管理者权力可以削弱管理者过度自信对资本结构决策负向影响方面的经验证据，因而该研究为全面认识管理者权力的影响提供了有益的补充；第二，管理者过度自信对公司决策带来的影响在行为金融学的研究中已经得到了广泛关注，但鲜有文献关注如何缓解管理者认知偏差对企业的负面影响。本章结合我国的制度背景，从限制管理者权力的角度对这一问题进行了初步的探索和分析，为降低管理者过度自信的不良影响、完善公司决策提供了有效的解决机制，进而丰富了公司治理与行为金融学方面的研究。

本章的结构安排如下：第二部分是研究设计与描述性统计，主要报告了数据来源，对主要相关变量以及实证模型进行了设定，并报告了描述性统计结果；第三部分实证检验了管理者权力对过度自信管理者的资本结构决策所产生的影响；接着，为了增强结论的可靠性，本章在第四部分考虑了可能存在的内生性问题，并进行了相关的稳健性检验；最后是本章的结论。

4.2　研究设计与描述性统计

4.2.1　研究设计

（1）样本选择。

本章选取沪深证券市场 2002 ~ 2013 年间全部 A 股上市公司作为研究样本。时间区间选择从 2002 年开始，主要是考虑到盈利预测数据的可获得性。从 2002 年开始，盈利数据的披露工作才开始步入正轨。本章对样本的筛选主要遵从以下几点：①剔除了金融保险类上市公司样本；②为了消除 IPO 对资本结构的影响，剔除了当年上市的公司；③估计目标资本结构以及资本结构动态决策，至少需要连续两年以上的数据，因而剔除了样本中少于连续两年的观测值；④为了消除高管变动的影响，剔除了当年董事长或总经理发生变动的样本；⑤预测信息披露时间在披露对象期间结束之后的样本属于盈利预告而非盈利预测，不能反映管理者是否存在过度自信，因而予以剔除；⑥下一年再融资或存在高估盈利操纵股价时都有可能导致乐观的盈利预测，因而予以剔除；⑦剔除数据缺失的样本。经统计，扣除存在缺失值的样本总共获得 6510 个观测值，其中去除高管变更 2020 个样本，操纵股价违规样本 27 个，再融资样本 91 个，最后剔除缺少连续两年以上数据的样本，共得到 1642 个观测值。此外，为了缓解极端值的影响，对所有连续变量进行了 1% 和

99%的 Winsorize 处理。本书数据来源于 CSMAR 数据库和 Resset 数据库。

（2）主要变量。

管理者权力：当第一大股东持股比例较高时，绝对控股股东的存在会增强对管理者的监督约束力度，进而降低管理者权力（Hu and Kumar，2004；Bertrand and Mullainathan，2001）。基于此，本书以第一大股东是否绝对控股（Power1）和大股东持股比例（Power2）来衡量管理者权力。

（3）实证模型。

本书的实证检验主要包括两个部分：第一部分为检验管理者权力对管理者过度自信与调整速度二者关系的影响；第二部分检验管理者权力对管理者过度自信与调整方式的影响。

无论是对调整速度还是调整方式的检验，第一步必须估算目标资本结构。借鉴 Faulkender 等（2012）的做法，本书采用标准部分调整模型估计目标资本结构。具体设定公式（1）和公式（2）来同时估计目标资本结构：

$$Lev_{i,t} - Lev_{i,t-1} = \gamma(Lev_{i,t}^{*} - Lev_{i,t-1}) + \varepsilon_{i,t} \tag{1}$$

$$Lev_{i,t}^{*} = \beta X_{i,t-1} \tag{2}$$

将公式（2）代入公式（1），得到：

$$Lev_{i,t} = \gamma\beta X_{i,t-1} + (1-\gamma) Lev_{i,t-1} + \varepsilon_{i,t} \tag{3}$$

其中，$Lev_{i,t}$和$Lev_{i,t-1}$为 i 公司在 t 年末和 t-1 年末的有息负债率，$Lev_{i,t}^{*}$代表目标资本结构。从模型（3）的回归中可以得到参数向量β，代入模型（2）就可以估计出$Lev_{i,t}^{*}$。$X_{i,t-1}$代表一系列企业、行业特征控制变量，借鉴现有文献（Flannery and Rangan，2006；姜付秀和黄继承，2011；Faulkender et al.，2012）的做法，控制变量包括：盈利能力 EBIT_TA（息税前利润占总资产比）、成长性 MB（股票市值与负债账面价值占总资产比）、非负债税盾

DEP_TA（固定资产折旧占总资产比）、企业规模 LnTA（取总资产对数）、抵押能力 FA_TA（固定资产占总资产比）、行业资本结构 Ind_median（行业中位数），以及 Overcon（管理者过度自信，具体定义同上章）。同时，还控制了年度和行业固定效应。

本章设定了模型（4）检验管理者权力对管理者过度自信与调整速度二者关系的影响：

$$Lev_{i,t} - Lev^{p}_{i,t-1} = (\gamma_0 + \gamma_1 Overcon_{i,t} + \gamma_2 Overcon_{i,t} \times Power_{i,t} + \gamma_3 Power_{i,t})(Lev^{*}_{i,t} - Lev^{p}_{i,t-1}) + \varepsilon_{i,t} \tag{4}$$

其中，$Lev^{p}_{i,t-1}$表示 i 公司在 t 年净融资额为零时，公司在 t 年末的资本结构，具体定义为 $D_{i,t-1}/(A_{i,t-1} + NI_{i,t})$，$D_{i,t-1}$为 i 公司在 t－1 年末的有息负债，$A_{i,t-1}$为 i 公司在 t－1 年末的总资产，$NI_{i,t}$表示 i 公司在 t 年度的净利润。这里之所以采用 $Lev^{p}_{i,t-1}$而非 $Lev_{i,t-1}$，主要是考虑到$Lev^{p}_{i,t-1}$可用来计算主动调整速度，剔除了由于盈余利润变化导致的机械调整部分，才能反映出企业真实的调整意愿。Overcon 表示管理者过度自信，借鉴上章的做法只要本年度中存在乐观的盈利预测则定义 Overcon＝1，否则为 0。Power 衡量的是管理者权力，分别采用大股东绝对控股哑变量 Power1 和大股东持股比例 Power2 作为该指标的替代变量。当第一大股东持股比例超过 50% 时，本书定义 Power1＝1，此时大股东居于绝对控股地位，对企业各项决策拥有绝对话语权，进而可以限制管理者权力。反之，则定义 Power1＝0。连续变量定义 Power2 为第一大股东的现金流量权（LaPorta et al.，1999）。γ_2 衡量了管理者过度自信对资本结构主动调整速度的影响。γ_3 衡量的是管理者权力对管理者过度自信与调整速度二者关系的影响，如果 γ_3 显著为正，则说明管理者权力受到较好限制时，管理者过度自信对调整速度的负向影响越小；而如果 γ_3 显著为负，则说明管理者权力受到限制的水平越高，管理者过度自信对调整速度的负向影响越大。

进一步本章设定模型（5）检验管理者权力对管理者过度自信与调整方式的影响，具体表达式如下：

$$P(Adjust\_N_{i,t}=1)=\Phi\alpha_0+\alpha_1 Dev^a_{i,t-1}+\alpha_2 Overcon_{i,t}\times Dev^a_{i,t-1}$$
$$+\alpha_3 Power_{i,t}\times Overcon_{i,t}\times Dev^a_{i,t-1}$$
$$+\alpha_4 Power_{i,t}\times Dev^a_{i,t-1}+\beta X_{i,t-1}+\varepsilon_{i,t} \quad (5)$$

其中，$Adjust_N_{i,t}$表示资本结构调整哑变量，N 表示第 N 种调整方式，当进行了第 N 种调整时，则定义为 1，否则为 0。总共包含了增加有息负债、负净权益融资（发放股利）、减少有息负债和正净权益融资（发行新股）四种调整方式。前两种用于低于目标资本结构时企业资本结构的向上调整，而后两种则用于高于目标资本结构时企业资本结构的向下调整。那么如何来界定该年度是否通过以上方式进行了调整呢？本书主要借鉴 Leary and Roberts（2005）的做法，将增加（降低）净债务融资定义为（$D_{i,t}-D_{i,t-1}$）/$A_{i,t}$，即 t 年度新增（减少）有息债务除以年末总资产大于等于 5%；将正（负）净权益融资定义为（$E_{i,t}-E_{i,t-1}-NI_{i,t}$）/$A_{i,t}$，即 t 年度新增（减少）净资产扣除净利润除以年末总资产大于等于 5%；$Dev^a_{i,t-1}$表示 i 公司在 t 年初时资本结构主动偏离目标的绝对值，具体定义为 $Dev^a_{i,t-1}=|Lev^*_{i,t}-Lev^p_{i,t-1}|$，即目标资本结构扣除考虑净利润后企业零融资下的资本结构的绝对值。$X_{i,t-1}$表示一系列控制变量，与上文一致，主要包括盈利能力、成长性、非债务税盾等。模型设定方面，则假定 Φ 服从正态分布，运用 Probit 模型进行回归分析。α_3 用来考察管理者权力对管理者过度自信与调整方式 N 关系的影响，如果 α_3 显著为正，则说明限制管理者权力会增加过度自信管理者通过方式 N 进行调整的概率；反之，则说明管理者权力的减少降低了管理者过度自信对调整方式 N 的选择概率。对调整方式的考察，可以进一步揭示管理者权力通过何种路径影响过度自信管理者所在企业的资本结构决策。此外，为了避

免序列相关以及异方差带来的影响，对标准误差进行了公司层面的聚类调整。

4.2.2　描述性统计

表 4－1 是本章样本中主要变量的描述性统计。由 Panel A 的结果可以看出，第一大股东持股比例达到 50% 以上的样本占总样本的 21.4%，中位数为 0，标准差为 0.410；第一大股东持股比例的均值为 0.361，中位数为 0.338，通过这两个指标可以看出我国上市公司股权相对集中，第一大股东持股比例达到绝对控股的公司比例相对较高，这与周仁俊和高开娟（2012）对 2006～2012 年我国上市公司的统计结果一致，他们发现我国近些年来大股东持股比例较为稳定，基本保持在 36% 左右。股权较为集中的现实基础，为检验削弱管理者权力影响企业决策提供了较好的检验场景。此外，本章对样本的统计还区分了不同的调整方向，并对高于目标资本结构与低于目标资本结构两个子样本的相关指标进行了均值 T 检验。结果发现，高于目标资本结构时，大股东拥有 50% 以上股权的样本占比为 0.217，而低于目标资本结构时为 0.201，后者与前者不存在显著差异。高于目标资本结构下大股东的持股比例为 0.355，显著小于大股东在低于目标资本结构公司中的持股比例 0.362，这表明高于目标资本结构的样本中大股东持股比例相对较低，此时管理者容易形成个人权力。由 Overcon 的统计结果可知，过度自信的管理者所占比例为 10.8%，中位数为 0，标准差为 0.311，低于目标资本结构时管理者过度自信占比为 0.116，高于目标资本结构时占比为 0.106，二者之间不存在显著差异，过度自信的管理者在两个子样本中的分布较为均匀。

表 4-1 描述性统计

Panel A：Sharehold and Overcon	Mean	Median	St. Dev.	Under	Over
Power1	0.214	0	0.410	0.201	0.217
Power2	0.361	0.338	0.133	0.362	0.355*
State	0.488	0	0.500	0.504	0.416***
Overcon	0.108	0	0.311	0.116	0.106
Panel B：Leverage targets and deviations from target					
Lev target	0.253	0.235	0.248	0.359	0.147***
Dev[a]	0.127	0.085	0.165	0.124	0.130
Panel C：Capital structure adjustment					
Net debt increase	0.320	0.000	0.466	0.511	0.263***
Net debt decrease	0.227	0.000	0.419	0.073	0.275***
Positive net equity financing	0.116	0.000	0.320	0.084	0.124***
Negative net equity financing	0.077	0.000	0.267	0.063	0.080
Panel D：Firm characteristics used in target leverage calculation					
Lagged Lev	0.279	0.250	0.390		
Lagged EBIT_TA	0.055	0.056	0.086		
Lagged MB	1.872	1.400	1.279		
Lagged DEP_TA	0.024	0.021	0.016		
Lagged LnTA	20.846	20.788	0.959		
Lagged FA_TA	0.278	0.252	0.173		
Lagged Ind_median	0.229	0.237	0.095		

注：均值比较采用的是 T 检验，*、**、*** 分别代表的是 10%、5%、1% 的显著性水平。

由于 Flannery 和 Hankins（2013）发现在估算目标资本结构的方法中，LSDVC 最精确。因此，本书借鉴他们的做法来估算目标资本结构，Panel B 汇报的是利用样本估算的目标资本结构以及企业资本结构的主动偏离。目标资本结构的样本均值为 0.253，中位数为 0.235，标准差为 0.248。区分调整方向后，低于目标资本结构样本组的目标资本结构估算均值为 0.359，而高于目标资本结构组的样本均值为 0.147，在 1% 的显著性水平下低于 Under 组的均值。主动偏离在总样本中的均值为 0.127，中位数为 0.085，标准差为 0.165，说明公司资本结构偏离目标水平的情况比较普遍，不同公司间存在差异。区分调整方向后，主动偏离在低于目标资本结构组的样本均值为 0.124，在高于目标资本结构组的主动偏离均值为 0.130，但主动偏离在两个子样本中不存在显著差异。

Panel C 组汇报的是四种调整方式的描述性统计结果，总样本中进行债务融资的样本均值为 32%，偿还有息负债的样本均值为 22.7%，进行了正净权益融资的样本均值为 11.6%，进行了负净权益融资的样本均值为 7.7%，可见这四种方式在企业进行资本结构动态调整中的频率较高，特别是债务的筹集和偿还。权益融资和现金股利的发放在我国受到诸多限制，因而相较于负债的变动而言频率较低。此外，区分了高于目标资本结构和低于目标资本结构的样本后，则发现了企业进行资本结构调整的倾向。当低于目标水平时，有 51.1% 的公司增加有息债务，而高于目标水平时，26.3% 的公司增加了有息债务，T 检验的结果显示债务的增加在 Under 组显著高于 Over 组；偿还债务方面，低于目标资本结构时 7.3% 的公司偿还了债务，高于目标资本结构时，有 27.5% 的公司偿还了债务，后者显著高于前者。净权益融资方面，高于目标资本结构时企业进行正净权益融资的概率为 12.4%，显著高于低于目标资本结构组时进行权益融资的概率。进行负净权益融资的公司在低于目标水平时占比 6.3%，高于目标水平时占 8%，两者之间不存在显著差异，表明我国上市公司分红普遍偏低。以上的结果初步证实了企业进行资本结构动态调整的倾向。Panel D 描述的是用于估算目标资本结构的企业特征变量，这里不再详细介绍。

4.3 实证结果分析

4.3.1 管理者权力、管理者过度自信与资本结构动态调整

本书利用模型（4）检验管理者权力对过度自信与调整速度关系的影响。为了避免面板模型可能存在的序列相关以及异方差等问题对回归结果的影响，本书在回归过程中通过计算经公司层面 cluster 调整后的标准误差来计算参数的显著性水平。具体的回归结果如表 4-2 所示。由 Panel A 可以看出，在总样本中，过度自信与主动偏离的交叉项系数为 -0.0678，在 5% 的水平下显著为负，表明过度自信的管理者显著降低了资本结构的整体调整速度。Power1 × Overcon × Dev^a 的系数为 0.0634，但并不显著，这说明在总样本中管理者权力并未对过度自信管理者所在企业的调整速度产生显著影响。

表 4-2　　管理者权力、管理者过度自信与调整速度

Panel A	All	Under	Over
Dev^a	0.374*** (24.24)	0.396*** (24.32)	0.365*** (14.91)
Overcon × Dev^a	-0.0678** (-2.51)	-0.0367 (-1.64)	-0.0822** (-2.35)

续表

Panel A	All	Under	Over
Power1 × Overcon × Dev[a]	0.0634 (0.78)	-0.0351 (-0.46)	0.156 * (1.66)
Power1 × Dev[a]	-0.0923 (-1.06)	-0.0332 (-1.57)	-0.176 (-1.02)
_cons	0.0042 *** (5.07)	0.0003 (0.12)	0.0009 (0.35)
N	1642	822	820
Adj - R^2	0.621	0.474	0.532
Panel B	All	Under	Over
Dev[a]	0.461 *** (10.00)	0.409 *** (13.43)	0.525 *** (7.51)
Overcon × Dev[a]	-0.147 * (-1.82)	0.0275 (0.41)	-0.311 *** (-2.65)
Power2 × Overcon × Dev[a]	0.247 (1.09)	-0.199 (-1.03)	0.760 ** (2.15)
Power2 × Dev[a]	-0.283 ** (-2.16)	-0.0593 (-0.98)	-0.518 ** (-2.48)
_cons	0.004 *** (5.48)	0.0003 (0.13)	0.0020 (0.80)
N	1642	822	820
Adj - R^2	0.623	0.474	0.540

注：标准误差经公司层面的 cluster 调整计算得出，*、**、*** 分别代表在 10%、5% 和 1% 的水平下显著。

根据 Byoun（2008）以及 Faulkender 等（2012）的研究，考虑到资本结构向上调整和向下调整时的成本与收益具有不对称性，本书根据调整方向的不同将总样本分为两组，重新进行检验，回归结果显示：在高于资本结构组下，过度自信与主动偏离的系数在5%的水平下显著为负，过度自信的管理者大概降低了约8.2%的调整速度，但如果存在绝对控股的大股东，管理者的权力得到较好监督时，过度自信管理者对资本结构决策的负向影响将会缓解，管理者权力与过度自信以及主动偏离三者的交叉项系数为0.156，在10%的水平下显著为正，可见绝对控股股东的存在，显著抑制了管理者权力，能够缓解管理者过度自信对调整速度的负向影响，提高了15.6%的下调速度，具有非常显著的经济意义。在低于目标资本结构时，过度自信与主动偏离的系数虽然为负，但并不显著。管理者权力和过度自信与主动偏离的交叉项系数也不显著，这表明对管理者权力的限制主要改善了过度自信管理者所在企业资本结构的向下调整。本书认为，对管理者权力的限制，使股东更有动机参与到优化企业资本结构的决策中，但其会对监管成本与资本结构调整收益进行权衡。已有的研究发现资本结构的调整收益具有不对称性，企业高于目标资本结构时的调整速度要显著高于企业在低于目标资本结构时的调整速度（Faulkender et al.，2012）。当企业的负债水平高于目标资本结构时，如果不进行及时的调整，企业将面临较高的破产风险，此时如能优化过度自信管理者的资本结构决策，可以保证企业的经营安全，收获较高的调整收益，因而更有动机参与其中。

为了考察管理者权力高低对二者关系的影响，本书采用大股东持股比例（Power2）这一连续变量对模型（4）重新回归，大股东持股比例越高，管理者权力受到的监管越强。由Panel B可以看出，管理者权力、管理者过度自信和主动偏离三者的交叉项在全样本中的系数为0.247，但并不显著。这与控股股东哑变量的回归结果一致。在低于目标资本结构组中，三者交叉项系数也不显著，只有在高于目标资本结构组中显著为正，系数大小为0.760，在5%的水平下显著。按照大股东持股比例的均值计算，可以提高过度自信管理者 27.4%（0.76 ×0.361）的调整速度，显著高于过度自信管理者带来的负向影响 0.148，具有显著的经济意义。由此可见，Power1 与 Power2 的回归结果基本一致，这表明从资本结构调整速度的角度而言，在高于目标资本结构时，削弱管理者权力，有利于降低管理者过度自信对资本结构调整速度的负向影响，并且大股东持股比例越高，对管理者权力的限制越强，越有利于提高过度自信管理者所在企业的调整速度。

4.3.2　管理者权力、管理者过度自信与调整方式

调整速度反映的是资本结构动态调整的结果，而调整方式则可以具体反映出企业进行资本结构调整的实现路径。为此，本书利用模型（5）继续考察了管理者权力对管理者过度自信与调整方式二者关系的影响，进一步揭示管理者权力发挥作用所依赖的路径。为了避免序列相关和异方差的影响，以下回归结果的标准误差均经过公司层面的聚类调整，同时回归中还对年度效应和行业效应进行了控制，具体结果如表 4 – 3 所示。从 Panel A 的结果可以看出，主动偏离 Dev^a 的系数均显著为正，这表明当企业的资本结构偏离越大时，四种调整方式发生的概率均会显著增加，因此这四种途径是企业常用的趋向目标资本结构的调整方式。在此基础上，考虑存在控股股东的情况时，管理者权力受到较大限制，可以发现管理者权力受限与管理者过度自信和主动偏离的交叉项在增加负债与现金分红列均不显著。根据前文的介绍，增加负债和现金分红主要用于企业资本结构的向上调整，而管理者权力在低于目标资本结构时对过度自信管理者所在企业的调整速度影响较弱，因此管理者权力与管理者过度自信和主动偏离的交叉项系数在对增加负债和现金分红两种

向上调整方式的回归中不显著，与前文对调整速度的回归发现一致。而在偿还债务列，可以发现三者的交叉项系数在5%的水平下显著为正，系数大小为5.047，这表明当发生1%的主动偏离时，控股股东的存在削弱了管理者权力，增加了过度自信管理者所在企业5.047%偿还债务的概率，与偿还债务概率的均值3.99%相比具有显著的经济意义。偿还债务的调整方式主要用于企业在高于目标水平时资本结构的下调，可见通过限制管理者权力提高过度自信管理者的下调速度主要依赖于偿还有息负债的方式。此外，发行股票也是企业实现资本结构下调的常用方式，而在该列管理者权力与管理者过度自信和主动偏离的交叉项系数为-0.698，但并不显著，因此并没有发现对管理者权力的监督增加了过度自信管理者通过发行股票实现下调的概率，这可能是由于偿还债务的方式具有成本优势，此外控股股东考虑到股权被稀释的威胁，对于权益融资的选择也较为谨慎。在其他控制变量上可以发现，市账比越高的企业，增加债务和偿还有息负债的概率越低，这表明市账比越高的企业通过债务方式满足筹资的意愿较低，而企业规模越大，固定资产占比越高的企业则倾向于债务融资。

表4-3　管理者权力、管理者过度自信与调整方式

Panel A:	增加负债	现金分红	偿还债务	发行股票
Dev^a	11.19*** (11.29)	0.141** (2.23)	3.999*** (5.94)	1.064** (2.57)
$Overcon \times Dev^a$	-0.197 (-0.08)	-0.437 (-0.25)	1.403 (0.90)	-0.790 (-0.98)
$Power1 \times Overcon \times Dev^a$	-1.702 (-0.56)	2.073 (0.93)	5.047** (2.22)	-0.698 (-0.26)
$Power1 \times Dev^a$	-2.998 (-1.53)	-0.990 (-0.90)	2.716* (1.85)	0.591 (0.74)

续表

Panel A：	增加负债	现金分红	偿还债务	发行股票
Over	0.170 (0.65)	-0.132 (-0.49)	-0.513 (-1.14)	0.274 (1.50)
Power1	0.107 (0.43)	0.357 * (1.67)	-0.859 ** (-2.55)	-0.182 (-1.17)
EBIT_TA	-0.0427 (-0.30)	-0.0799 (-0.57)	0.0406 (0.96)	-0.140 (-1.19)
MB	-0.0816 *** (-2.79)	-0.0193 (-0.91)	-0.226 *** (-2.73)	0.00679 (0.34)
DEP_TA	2.190 (0.39)	4.603 (0.90)	9.835 (1.19)	-4.162 (-0.94)
LnTA	0.249 *** (3.31)	0.0950 (1.30)	0.154 * (1.66)	-0.00868 (-0.16)
FA_TA	0.857 * (1.76)	-1.301 ** (-2.55)	-0.399 (-0.52)	0.547 (1.20)
Indlev	0.485 (0.54)	-2.052 ** (-2.16)	0.655 (0.49)	0.141 (0.19)
_cons	-6.251 *** (-4.01)	-2.407 (-1.54)	-8.920 *** (-4.49)	-1.199 (-1.00)
Year and Industry	Yes	Yes	Yes	Yes
N	822	822	820	820
Pseudo R^2	0.305	0.050	0.385	0.057
Panel B：	增加负债	现金分红	偿还债务	发行新股
Dev^a	11.09 *** (5.11)	2.323 * (1.88)	3.442 *** (3.11)	1.519 * (1.83)
Overcon × Dev^a	2.237 (0.54)	2.368 (1.05)	-1.828 (-0.73)	3.507 (1.25)

续表

Panel B:	增加负债	现金分红	偿还债务	发行新股
Power2 × Overcon × Dev[a]	-6.755 (-0.78)	-1.607 (-0.33)	12.27* (1.73)	-15.08 (-1.52)
Power2 × Dev[a]	-3.433 (-0.60)	-4.959 (-1.11)	2.025 (0.70)	-0.291 (-0.15)
Overcon	0.170 (0.66)	-1.316*** (-2.71)	-0.523 (-1.10)	0.230 (1.25)
Power2	0.183 (0.29)	1.787** (2.12)	-1.878*** (-2.61)	-0.810 (-1.64)
EBIT_TA	-0.0443 (-0.52)	0.137 (1.33)	0.0725*** (2.65)	0.0000823 (0.08)
MB	-0.0638** (-2.18)	-0.000243 (-0.68)	-0.157*** (-2.66)	-0.000427 (-0.19)
DEP_TA	6.244 (1.13)	4.001 (0.48)	14.38* (1.96)	-1.312 (-0.24)
LnTA	0.225*** (3.26)	-0.0242 (-0.26)	0.159* (1.87)	-0.0597 (-0.92)
FA_TA	0.535 (1.06)	-0.934 (-1.15)	-0.873 (-1.19)	0.313 (0.60)
Indlev	-0.845 (-1.32)	0.454 (0.46)	1.561* (1.66)	0.189 (0.30)
Year and Industry	Yes	Yes	Yes	Yes
N	822	822	820	820
Pseudo R^2	0.265	0.056	0.336	0.065

注：标准误差经公司层面的 cluster 调整计算得出，*、**、*** 分别代表在 10%、5% 和 1% 的水平下显著。

此外，本书利用大股东持股比例再次衡量了管理者权力，并检验了其对管理者过度自信与调整方式关系的影响，用以考察管理者权力在连续变化中的作用。具体结果如 Panel B 所示：当企业的资本结构低于目标水平时，增加负债和现金分红是常用的两种调整方式，主动偏离对增加负债的回归系数为 11.09，在 1% 的水平下显著，对现金分红的回归系数为 2.323，显著性为 10%。但管理者权力的降低，并未增加过度自信管理者所在企业对向上调整方式的使用。这说明，管理者权力的削弱对过度自信管理者所在企业资本结构的上调未产生显著影响。当资本结构高于目标资本结构时，在偿还负债列，管理者权力与管理者过度自信和主动偏离的交叉项系数为 12.27，在 10% 的水平下显著为正，这表明当主动偏离为 1% 时，如果大股东持股比例增加 10%，意味着管理者权力下降，此时过度自信管理者所在企业通过偿还有息负债实现资本结构下调的概率将会增加 1.2%，具有显著的经济意义。而在发行股票列，管理者权力和过度自信与主动偏离的交叉项系数也不显著。可见，Panel B 的回归结果与 Panel A 基本一致，管理者权力越小，过度自信的管理者通过偿还有息负债的方式实现资本结构下调的概率越大，从而揭示了管理者权力的下降，能够加快过度自信管理者所在企业向下调整速度的作用机理。由此再次验证了对管理者权力的限制只对向下调整速度产生影响的发现。其他控制变量方面，盈利能力越强、累积折旧越高，企业规模越大的公司偿还债务的概率越高，同时市账比越高的公司增加债务和偿还债务的概率均较低，与 Panel A 的结果基本保持一致。

由此可见，不论是管理者权力的虚拟变量还是连续变量，都发现了一致的结果，即随着管理者权力的降低，过度自信管理者所在企业增加了偿还有息负债的概率，正是通过这种调整方式，过度自信管理者所在的企业进行资本结构下调的速度得到了提高。遗憾的是，本书并未发现管理者权力的降低增加了过度自信管理者发行股票的概率，这说明限制管理者拥有的决策权虽然加快了过度自信管理者所在企业的调整速度，但是对于调整方式的选择并不存在治理作用。

4.4 稳健性检验

4.4.1 内生性问题

尽管以上的检验为限制管理者权力可以改善过度自信管理者的资本结构动态决策提供了直接的经验证据，但不得不考虑潜在的内生性问题带来的影响。因此，本书为了排除内生性问题的干扰，增加了以下检验：

首先，过度自信的管理者对调整速度的负向作用可能是由于潜在的自选择问题所造成，即过度自信的管理者由于高估了外源融资成本而自主选择了资本结构调整速度较慢的公司。为了排除这种可能性解释，本书借鉴 Ahmed 和 Duellman（2013）的研究，利用经理人变更前后，管理者过度自信对调整速度的影响来检验是否存在自选择问题。如果过度自信管理者对调整速度的影响是由自选择而导致，过度自信的管理者会选择拥有与个人偏好一致的资本结构动态调整速度的公司，那么当经理人变更之后，过度自信的管理者则不会对调整速度产生显著影响。

基于以上的分析，本书构建了加入经理人变更的实证模型（6）：

$$Lev_{i,t} - Lev^{p}_{i,t-1} = (\gamma_0 + \gamma_1 Overcon_{i,t} + \gamma_2 After_{i,t} \times Overcon_{i,t} + \gamma_3 After_{i,t}) \times (Lev^{*}_{i,t} - Lev^{p}_{i,t-1}) + \varepsilon_{i,t} \quad (6)$$

其中 After 是时间虚拟变量，如果本年度为经理人发生变更之前的年度，则将 After 定义为 0，如果本年度为经理人变更之后的年度，则将 After 定义为 1。其他变量的具体定义则与上文一致。γ_2 是本书检验的关键，如果其系数显著为负，则表明在经理人发生变更后，如果新入职的经理人具有过度自信的特征，那么管理者的个人偏好依然会对企业的调整速度产生负向影响。此时，则能够排除存在自选择的假说。

此外，还需要补充说明的是，本书构建了用于经理人变更事件研究的子样本，在原有样本的基础上本书剔除缺失变更前后各两年连续数据的样本，连续变更相隔低于两年的样本，以及在此期间控股股东发生变更的样本，最后共剩余 105 次经理人变更、420 个研究样本。这里以变更前后各两年为研究窗口，主要是考虑到对调整速度的检验至少需要连续两年的数据，同时也保证了管理者能够对资本结构决策产生影响，并减少了其他噪音因素的干扰。

具体回归结果如表 4 -4 所示：在总样本中可以发现，过度自信与主动偏离二者的交叉项系数显著为负，这表明在经理人变更前，如果管理者存在过度自信特征，则会显著降低企业的资本结构调整速度。但时间虚拟变量 After 与过度自信以及主动偏离变量三者的交叉项系数并不显著，这表明在总样本中，经理人变更后，管理者过度自信对调整速度并不存在增量影响，这可能是由于低于目标资本结构组和高于目标资本结构组变化不一致所造成的。

表 4 -4　　CEO 变更前后管理者过度自信与调整速度

	All	Under	Over
Dev^a	0.333 *** (12.92)	0.295 *** (4.72)	0.366 *** (9.11)
$Overcon \times Dev^a$	-0.100 * (-1.77)	-0.139 (-0.85)	-0.0078 (-0.14)

续表

	All	Under	Over
After × Overcon × Dev^a	0.0572 (0.34)	0.353 (1.49)	-0.197 ** (-2.48)
After × Dev^a	0.0799 (1.37)	0.118 * (1.79)	0.0729 (1.13)
_cons	-0.0005 (-0.27)	-0.0010 (-0.14)	0.0036 (0.67)
N	420	204	216
Adj - R^2	0.581	0.365	0.435

注：标准误差经公司层面的 cluster 调整计算得出，*、**、*** 分别代表在 10%、5% 和 1% 的水平下显著。

进一步区分调整方向后，在低于目标资本结构，三者交叉项系数依然不显著，但 After 与主动偏离变量的交叉项为 0.118，在 10% 的水平下显著为正。这表明，经理人变更后如果为非过度自信的管理者则会显著提高企业的资本结构上调速度，经理人的心理特征会对企业的资本结构调整产生增量影响。在高于目标资本结构时，经理人变更后过度自信的管理者对企业的资本结构调整速度同样产生了增量影响，时间虚拟变量 After 与过度自信以及主动偏离变量三者的交叉项系数为 -0.197，在 5% 的水平下显著为负，这表明在高于目标资本结构时，当经理人发生变更，新入职的管理者如果存在过度自信的个人特征则会进一步降低企业的资本结构调整速度，并且具有显著的经济意义。由前面的分析可知，如果过度自信管理者对调整速度的负向影响是由个人偏好产生的自选择问题所导致，那么经理人变更后过度自信的管理者不应产生增量影响，但本书的回归结果排除了过度自信管理者对资本结构调整速度的影响来自于自选择的解释。

接下来，为了验证限制管理者权力可以缓解管理者过度自信对资本结构调整速度负向影响的研究结论不受内生性问题的干扰，本书再次借助经理人变更事件检验了这一问题，具体的检验模型设置如下：

$$\begin{aligned} Lev_{i,t} - Lev^{p}_{i,t-1} = (&\gamma_0 + \gamma_1 Overcon_{i,t} + \gamma_2 Power_{i,t} \times Overcon_{i,t} \\ &+ \gamma_3 After_{i,t} \times Overcon_{i,t} + \gamma_4 After_{i,t} \times Power_{i,t} \\ &\times Overcon_{i,t} + \gamma_5 After_{i,t} \times Power_{i,t} + \gamma_6 Power_{i,t} \\ &+ \gamma_7 After_{i,t}) \times (Lev^{*}_{i,t} - Lev^{p}_{i,t-1}) + \varepsilon_{i,t} \end{aligned} \tag{7}$$

模型（7）是在模型（5）的基础上考虑了经理人变更的时间虚拟变量After带来的影响，其中主动偏离与After时间虚拟变量、管理者权力以及过度自信四者交叉项系数是检验的关键，γ_4 系数的含义是经理人变更后，管理者权力对过度自信管理者所在公司的资本结构调整速度的影响。由于子样本中剔除了控股股东发生变更的样本，因此在经理人发生变更而控股股东未变的前提下，如果管理者权力的大小变化能够作用于过度自信管理者对资本结构决策的影响，这将进一步排除过度自信管理者自选择的竞争假说。因为如果是过度自信管理者自选择的结果，那么变更后，过度自信的管理者不仅不能产生增量影响，而且也不会因自身权力大小的不同而产生差异化的影响。

鉴于以上的分析，本书采用管理者权力的连续变量利用模型（7）进行回归，具体结果如表4－5所示：在总样本中，After × Power2 × Overcon × Dev^{a} 的系数1.824，在5%的水平下显著为正，这表明经理人发生变更后，如果存在管理者过度自信的情况，大股东对管理者权力的监督和约束越强，越能缓解过度自信管理者对调整速度的负向影响，即经理人变更后，管理者权力越小，过度自信的认知偏差对调整速度的负向影响越小。

表 4-5　CEO 变更前后管理者权力、管理者过度自信与调整速度

	All	Under	Over
Dev^a	0.400*** (7.75)	0.564*** (4.13)	0.413*** (3.97)
$Overcon \times Dev^a$	0.0547 (0.55)	-0.166 (-1.18)	0.129 (0.76)
$Power2 \times Overcon \times Dev^a$	-0.949 (-1.54)	-0.446 (-1.10)	-0.930 (-1.60)
$After \times Overcon \times Dev^a$	-0.355 (-1.34)	0.125 (0.35)	-2.270* (-1.93)
$After \times Power2 \times Overcon \times Dev^a$	1.824** (2.12)	1.371 (1.11)	7.333* (1.91)
$After \times Power2 \times Dev^a$	0.276 (0.69)	1.630* (1.98)	-0.582 (-1.52)
$Power2 \times Dev^a$	-0.164 (-1.35)	-0.611* (-1.69)	-0.130 (-0.65)
$After \times Dev^a$	-0.0190 (-0.15)	-0.408* (-1.85)	0.237 (1.49)
_cons	-0.00001 (-0.01)	-0.0044 (-0.79)	0.0126 (1.58)
N	420	204	216
Adj-R^2	0.579	0.402	0.432

注：标准误差经公司层面的 cluster 调整计算得出，*、**、*** 分别代表在 10%、5% 和 1% 的水平下显著。

4.4.2 其他稳健性检验

为了检验结论的稳健性，除了对内生性问题进行了控制以外，文中还增加了以下检验：

（1）重新定义管理者权力哑变量。

为了增强结论的稳健性，利用大股东相对控股哑变量重新定义管理者权力。当大股东持有公司 34% 以上股权时，则定义 Power3 = 1，否则 Power3 = 0。此时大股东拥有对企业的相对控股权，对企业决策具有重大影响，经理人的行为受到较强的监督和约束。

利用重新定义的管理者权力哑变量（Power3）检验对管理者权力的限制是否能够完善过度自信管理者的资本结构决策，具体回归结果如表 4-6 所示。可以看出，管理者权力（Power3）、过度自信（Overcon）和主动偏离（Dev^a）三者交叉项的系数在 5% 的水平下显著为正，这表明当管理者的权力受到相对控股股东的约束时，过度自信管理者所在企业的调整速度有所上升，对管理者权力的限制能够降低管理者过度自信对调整速度的负向影响。从系数大小来看，过度自信管理者对主动调整速度的负向影响为 0.096，而管理者权力较弱时加快了过度自信管理者的调整速度，影响大小为 0.136，显著高于过度自信管理者带来的负向影响。可见，管理者权力的降低对提高过度自信管理者所在企业的下调速度具有显著的经济意义。按调整方向区分后，在低于目标资本结构组，Power3 × Overcon × Dev^a 三者的交叉项系数并不显著；而在高于目标资本结构组，过度自信管理者所在公司的调整速度下降了 14.3%，在 5% 的水平下显著。但如果管理者权力得到限制，过度自信管理者的资本结构调整速度则会有所上升，大概加快了 24.2%，显著性水平为 1%。再次验证了本书的结论。

表 4-6　重新定义的管理者权力、管理者过度自信与调整速度

	All	Under	Over
Dev^a	0.407 *** (15.15)	0.396 *** (24.32)	0.410 *** (10.82)

续表

	All	Under	Over
Overcon × Dev^a	-0.096 ** (-2.30)	-0.0367 (-1.64)	-0.143 ** (-2.49)
Power3 × Overcon × Dev^a	0.136 ** (2.37)	-0.0351 (-0.46)	0.242 *** (3.09)
Power3 × Dev^a	-0.117 *** (-3.30)	-0.0332 (-1.57)	-0.148 *** (-3.18)
_cons	0.0041 *** (5.71)	0.0003 (0.12)	0.0015 (0.55)
N	1642	822	820
Adj - R^2	0.625	0.474	0.543

注：标准误差经公司层面的 cluster 调整计算得出，*、**、*** 分别代表在 10%、5% 和 1% 的水平下显著。

文中使用 Power3 对调整方式再次进行了检验。具体结果如表 4-7 所示。

表 4-7　重新定义的管理者权力、管理者过度自信与调整方式

	增加负债	现金分红	偿还债务	发行股票
Dev^a	10.64 *** (8.94)	0.394 *** (2.43)	3.302 *** (5.51)	2.004 *** (4.14)
Overcon × Dev^a	0.510 (0.20)	0.209 (0.11)	-0.0777 (-0.06)	-1.018 (-1.01)
Power3 × Overcon × Dev^a	-2.720 (-1.04)	0.0252 (0.01)	4.566 ** (2.01)	0.663 (0.39)
Power3 × Dev^a	-0.810 (-0.45)	0.582 (0.52)	0.209 (0.19)	-0.896 (-1.32)

续表

	增加负债	现金分红	偿还债务	发行股票
Over	0.150 (0.58)	-0.148 (-0.55)	-0.149 (-0.63)	0.141 (0.78)
Power3	-0.0666 (-0.35)	0.0298 (0.17)	-0.338** (-2.06)	-0.0275 (-0.20)
EBIT_TA	-0.0251 (-0.18)	-0.0728 (-0.49)	0.0194 (0.47)	0.0187 (0.13)
MB	-0.0852*** (-3.16)	-0.0269 (-1.16)	-0.122** (-2.43)	0.00002 (0.00)
DEP_TA	1.096 (0.20)	3.697 (0.67)	5.681 (1.07)	-6.658 (-1.30)
LnTA	0.243*** (3.25)	0.107 (1.45)	0.119** (2.00)	-0.0783 (-1.20)
FA_TA	0.865* (1.74)	-1.438*** (-2.65)	-0.130 (-0.26)	0.334 (0.61)
Indlev	-1.524 (-0.85)	-0.598 (-0.38)	0.421 (0.27)	0.641 (0.38)
_cons	-5.582*** (-3.51)	-2.844* (-1.78)	-7.993*** (-5.86)	-4.523*** (-3.10)
Year and Industry	Yes	Yes	Yes	Yes
N	822	822	820	820
Pseudo R^2	0.310	0.063	0.202	0.105

注：标准误差经公司层面的 cluster 调整计算得出，*、**、*** 分别代表在 10%、5% 和 1% 的水平下显著。

由回归结果可以看出，主动偏离和四种调整方式均在 1% 的水平下显著正相关。在增加负债和现金分红两列，管理者权力与过度自信和主动偏离的交叉项系数均不显著，这表明管理者权力的强弱对过度自信管理者所在企业进行资本结构上调并未产生显著影响。而在偿还债务列，Power3 × Overcon × Dev^a 的系数为 4.566，在 5% 的水平下显著，再次验证了管理者权力受到限制时，过度自信管理者所在公司通过偿还债务的方式实现资本结构下调的概率得到提高，从而加快了调整速度。在发行新股列，同样并未发现管理者权力对过度自信管理者在发行新股方面有显著影响。其他控制变量的回归结果与上文基本保持一致。以上的回归结果为本书的结论不受管理者权力指标设定的干扰再次提供了实证支持。

（2）寻找管理者权力其他替代变量。

为了增强结果的稳健性，本书借鉴卢锐等（2008）的做法，结合我国实际，构建了衡量管理者权力的综合指标（Power4），将其代入模型（4）与模型（5）中对过度自信管理者所在企业的调整速度和调整方式重新检验。具体结果如表 4－8 所示。

表 4－8　管理者权力综合指标、管理者过度自信与调整速度

	All	Under	Over
Dev^a	0.229 *** (11.82)	0.358 *** (9.57)	0.201 *** (8.12)
Overcon × Dev^a	0.0548 (1.44)	−0.1290 (−1.33)	0.0899 (1.06)
Power4 × Overcon × Dev^a	−0.0608 ** (−2.14)	0.0239 (0.44)	−0.0701 * (−1.73)
Power4 × Dev^a	0.0750 *** (6.74)	0.0194 (1.06)	0.0942 *** (6.16)
_cons	0.0032 * (1.86)	−0.0010 (−0.32)	0.0053 (1.59)
N	1257	593	664
Adj − R^2	0.598	0.445	0.506

注：标准误差经公司层面的 cluster 调整计算得出，*、**、*** 分别代表在 10%、5% 和 1% 的水平下显著。

管理者权力的综合指标（Power4）具体的构建方法为，从管理者长期任职（f1）、董事会规模（f2）以及股权分散（f3）三个方面综合反映管理者所拥有的职位权力。当管理者任职年限达到4年以上时，则f1 =1，否则f1 =0；当董事会规模超过样本均值时，则f2 =1，否则f2 =0；当股权分散（第一大股东持股/第2～10大股东持股之和）小于1时，则f3 =1，否则f3 =0；最后管理者权力指标Power4 =f1 +f2 +f3，其值越大，反映管理者所拥有的权力越大。之所以与卢锐等（2008）的做法在董事会方面存在差异，是考虑到我国独立董事占比在企业间差距不大，主要是为了满足证监会的硬性要求，因而本书采用了董事会规模来衡量董事会对管理者的监管能力。

由结果可以看出，管理者权力、过度自信以及主动偏离的交叉项系数在全样本中为 -0.0608，显著性水平为5%，说明随着管理者权力的增强，过度自信管理者对调整速度的负向影响显著加强。可见，管理者权力越大，管理者过度自信的认知偏差在企业调整速度中的表现越突出。区分调整方向后，可以发现这种作用只有在高于目标资本结构时显著，而在低于目标资本结构时不显著，与前文的检验结果基本一致，再次验证了本章的主要结论。

同样，为了增强结论稳健性，本章利用重新定义的管理者权力综合指标对管理者过度自信与调整方式二者关系进行了再次检验。具体的回归结果，如表4 -9所示。

表4 -9　　管理者权力综合指标、管理者过度自信与调整方式

	增加负债	现金分红	偿还债务	发行股票
Dev^a	7.633*** (4.16)	4.595*** (-0.45)	0.760*** (2.01)	0.265*** (2.30)
$Overcon \times Dev^a$	-5.320* (-1.70)	6.600* (1.89)	1.091 (0.97)	-0.262 (-0.25)

续表

	增加负债	现金分红	偿还债务	发行股票
Power4 × Overcon × Dev[a]	3.305 (1.63)	-1.343 (-0.82)	0.317 (0.29)	-2.182* (-1.79)
Power4 × Dev[a]	0.514 (0.51)	2.372 (1.61)	1.657*** (3.52)	1.156** (2.23)
Over	0.0352 (0.10)	-1.661** (-2.14)	-0.215 (-0.72)	0.372 (1.20)
Power	-0.0528 (-0.39)	-0.465** (-2.34)	-0.150* (-1.69)	-0.0179 (-0.17)
EBIT_TA	2.646*** (2.99)	5.829*** (3.03)	-2.094*** (-3.00)	-0.0001 (-0.30)
MB	-0.107 (-1.42)	-0.117 (-0.82)	-0.0442 (-0.86)	0.0990** (2.04)
DEP_TA	0.902 (0.13)	1.451 (0.18)	4.628 (0.85)	-7.537 (-1.38)
LnTA	0.241*** (2.63)	0.157 (1.42)	0.141** (2.26)	-0.0542 (-0.79)
FA_TA	0.659 (1.20)	-2.279*** (-2.79)	-0.0664 (-0.13)	0.790 (1.49)
Indlev	-0.163 (-0.16)	0.932 (0.54)	-1.260 (-1.31)	0.0306 (0.04)
_cons	-5.867*** (-2.89)	-8.596*** (-3.37)	-3.603** (-2.32)	-0.0324 (-0.02)
Year	Yes	Yes	Yes	Yes
Industry	Yes	Yes	Yes	Yes
N	593	593	664	664
Pseudo R^2	0.260	0.200	0.171	0.073

注：标准误差经公司层面的 cluster 调整计算得出，*、**、*** 分别代表在 10%、5% 和 1% 的水平下显著。

由结果可知，主动偏离与四种调整方式显著正相关，表明这四种调整方式在企业实际的资本结构调整过程中被广泛应用。管理者权力与管理者过度自信和主动偏离的交叉项系数在增加负债列、现金分红列以及偿还债务列均不显著。而在发行股票列则在 10% 的水平下显著为负，系数大小为 -2.182。这表明，当过度自信的管理者拥有较高权力时，个人对于调整方式的偏好在动态调整中的表现更为突出，拥有较高权力的过度自信管理者由于始终认为外部资本市场对企业价值存在低估的情况，因而更不倾向于采用发行股票的方式实现资本结构的下调，降低了下调速度，进而揭示了内在的作用路径。其他控制变量方面与前文的结果基本一致，这里不再赘述。由此可见，利用管理者权力综合指标后，文中的主要发现再次得到了验证。

(3) 控制产权性质的影响。

在我国特殊的制度背景下，产权性质是研究中不容忽视的因素。相较于非国有企业，国有企业存在政府干预和内部人控制的双重特征（Qian and Roland，1996；李增泉，2002）。一方面，政府部门或受托经营的国有大股东对公司决策存在过多干预，在这种情况下，管理者在国有企业中的权力受到诸多限制。但另一方面，在国有企业放权改革中，还滋生了内部人控制问题（权小锋等，2010），国有企业所有者缺位的产权特性使真实股东缺乏行使权力的基础，管理者存在利用职位权利谋取私人利益的动机（吕长江和赵宇恒，2007）。因此，本书采用第一大股东持股比例强调大股东对管理者权力的限制，可能会受到产权性质的干扰，为此本书控制了产权性质对本章的研究问题重新进行了检验。具体结果如表 4-10 所示。

表 4－10　控制企业性质——调整速度

	All	Under	Over
Dev^a	0.460*** (10.10)	0.412*** (13.39)	0.524*** (7.57)
$Overcon \times Dev^a$	－0.145* (－1.80)	0.0276 (0.40)	－0.300** (－2.43)
$Power2 \times Overcon \times Dev^a$	0.245 (1.09)	－0.206 (－1.07)	0.731** (2.01)
$Power2 \times Dev^a$	－0.288** (－2.05)	－0.0474 (－0.80)	－0.530** (－2.50)
$State \times Dev^a$	0.006 (0.14)	－0.017 (－0.97)	0.0142 (0.26)
_cons	0.0043*** (5.20)	0.0003 (0.16)	0.002 (0.86)
N	1642	822	820
Adj－R^2	0.622	0.474	0.539

注：标准误差经公司层面的 cluster 调整计算得出，*、**、*** 分别代表在 10%、5% 和 1% 的水平下显著。

由回归结果可知，产权性质并没有对调整速度产生显著性影响。在控制产权性质后，全样本中过度自信与主动偏离的交叉项系数为－0.145，显著性水平为 10%，调整速度下降 14.5%。管理者权力与过度自信以及主动偏离三者交叉项系数为 0.245，但并不显著。在低于目标资本结构时，同样未发现管理者权力能够影响过度自信管理者所在企业的调整速度。然而，在高于目标资本结构组，则发现了与前文一致的结论，过度自信的管理者显著降低了企业资本结构的下调速度，但管理者权力与管理者过度自信和主动偏离的交叉项系数为 0.731，在 5% 的水平下显著。再次验证了文中的结论。即对管理者权力的限制有利于降低过度自信管理者对企业资本结构下调速度的负向影响。

同理，文中再次检验了管理者权力对管理者过度自信与调整方式的影响。在此过程中，为了控制产权性质的影响，文中在模型中增加了产权性质指标以及产权性质与主动偏离的交叉项。具体回归结果如表4－11所示。

表4－11　控制企业性质——调整方式

	增加负债	现金分红	偿还债务	发行股票
Dev^a	11.52*** (5.21)	1.022* (1.79)	2.896** (2.34)	1.270* (1.88)
$Overcon \times Dev^a$	2.979 (0.69)	0.407 (0.16)	−1.769 (−0.66)	−1.670 (−0.75)
$Power2 \times Overcon \times Dev^a$	−6.806 (−0.80)	0.135 (0.02)	13.68* (1.66)	0.182 (0.03)
$Power2 \times Dev^a$	−5.403 (−0.95)	−4.684 (−1.52)	0.954 (0.27)	2.931 (1.12)
$State \times Dev^a$	0.783 (0.44)	2.099* (1.92)	2.515* (1.81)	−1.873** (−2.30)
State	−0.269 (−1.27)	−0.307 (−1.54)	−0.412 (−1.45)	0.280** (1.97)
Over	0.0780 (0.29)	−0.209 (−0.79)	−0.485 (−1.01)	0.290 (1.58)
Power2	0.283 (0.44)	0.985* (1.70)	−1.802** (−2.19)	−0.880** (−1.97)
EBIT_TA	−0.041 (−0.47)	0.0007 (0.01)	0.050* (1.67)	−0.193 (−0.65)
MB	−0.0697** (−2.38)	−0.0294 (−1.27)	−0.108* (−1.67)	0.0342 (0.90)

续表

	增加负债	现金分红	偿还债务	发行股票
DEP_TA	6.206 (1.09)	9.250 * (1.65)	12.13 (1.54)	-3.868 (-0.78)
LnTA	0.204 *** (2.82)	0.0844 (1.11)	0.199 ** (2.31)	0.00945 (0.17)
FA_TA	0.710 (1.38)	-1.495 *** (-2.74)	-0.488 (-0.62)	0.477 (1.01)
Indlev	-0.853 (-1.11)	-0.941 (-1.16)	2.402 ** (2.33)	0.640 (1.05)
Year and Industry	Yes	Yes	Yes	Yes
N	822	822	820	820
Pseudo R^2	0.310	0.063	0.202	0.105

注：标准误差经公司层面的 cluster 调整计算得出，*、**、*** 分别代表在 10%、5% 和 1% 的水平下显著。

在控制产权性质的影响后，依然可以发现在高于目标资本结构时，管理者权力对过度自信管理者所在企业偿还有息负债的概率产生了显著性影响，三者交叉项系数为 13.68，显著性水平为 10%。再次验证了管理者权力越小，过度自信管理者所在企业通过偿还有息负债实现资本结构下调的可能性越大，因而资本结构的下调速度得到提高。而在其他三种调整方式中，则未发现管理者权力的变化会对过度自信管理者所在企业选择调整方式的概率产生显著影响，由此通过对产权性质的控制增强了本书结论的稳健性。

（4）重新设定模型。

在考察管理者权力对管理者过度自信如何选择调整方式的影响时，文中模型设定的方法是 Probit 回归。文中再次使用 Logit 回归进行了检验。由于对管理者权力的限制只对过度自信管理者所在企业的下调速度产生了影响，因此在稳健性检验部分只报告了对资本结构下调方式的影响，具体结果如表 4 - 12 所示。

表 4 - 12　　管理者权力、管理者过度自信与调整方式的 Logit 回归

	偿还债务		发行新股	
	Power1	Power2	Power1	Power2
Dev[a]	7.787*** (5.56)	6.339*** (2.67)	3.113*** (3.02)	1.986** (2.29)
Overcon × Dev[a]	1.746 (0.60)	-3.928 (-0.91)	-1.958 (-1.00)	-1.525 (-0.98)
Power × Overcon × Dev[a]	9.223* (1.79)	21.60* (1.84)	1.812 (0.58)	-1.044 (-0.25)
Power × Dev[a]	5.880 (1.61)	6.429 (0.94)	-0.962 (-0.79)	0.678 (0.49)
Overcon	-0.823 (-0.86)	-1.020 (-0.92)	0.279 (0.83)	0.466 (1.52)
Power	-1.724** (-2.09)	-4.074** (-2.46)	-0.188 (-0.74)	-0.275 (-1.04)
EBIT_TA	0.0956 (1.20)	0.168*** (3.03)	3.354*** (2.80)	-0.258 (-1.03)
MB	-0.499*** (-2.84)	-0.363*** (-3.04)	-0.0117 (-0.23)	0.0108 (0.46)
DEP_TA	20.77 (1.18)	25.93* (1.76)	-9.945 (-1.17)	-6.775 (-0.94)
LnTA	0.299 (1.55)	0.300* (1.85)	-0.107 (-0.94)	-0.0131 (-0.15)
FA_TA	-0.911 (-0.56)	-1.589 (-1.03)	1.357 (1.48)	0.894 (1.22)

续表

	偿还债务		发行新股	
	Power1	Power2	Power1	Power2
Indlev	0. 801 (0. 27)	2. 460 (1. 20)	1. 168 (0. 92)	0. 184 (0. 15)
_cons	-21. 48 *** (-5. 28)	-8. 963 *** (-2. 58)	0. 0142 (0. 01)	-1. 980 (-1. 00)
Year and Industry	Yes	Yes	Yes	Yes
N	820	820	820	820
Pseudo R^2	0. 387	0. 338	0. 095	0. 058

注：标准误差经公司层面的 cluster 调整计算得出，*、**、*** 分别代表在 10%、5% 和 1% 的水平下显著。

在偿还债务列，管理者权力哑变量 Power1 与连续变量 Power2 均与过度自信和主动偏离的交叉项呈显著正相关关系，其中 Power1 与二者交叉项的系数为 9. 223，在 10% 的水平下显著，Power2 与二者的系数为 21. 6，同样在 10% 的水平下显著，结果较为稳健。这表明高于目标资本结构时，大股东持股比例越高，管理者权力越小，管理者过度自信所在企业增加偿还有息负债的概率越高，再次验证了文中的结论。

在其他控制变量方面，可以发现规模越大、盈利水平越高、市账比越低的企业，偿还有息负债的概率越大。后两列是以是否发行新股作为被解释变量进行的检验，管理者权力与过度自信和主动偏离的系数并不显著，这表明在这种情况下，大股东对管理者权力的限制未对管理者过度自信所在企业通过发行新股实现资本结构下调产生显著影响。以上的回归结果表明，管理者权力的变化对过度自信管理者在选择调整方式上的影响不随模型设定的改变而变化，当企业的资本结构高于目标水平时，如果管理者权力得到限制，那么主要会增加管理者过度自信所在企业偿还有息负债的概率来实现资本结构的下调，并且这一结论具有较强的稳健性。

4.5 本章结论

本章在上一章研究发现的基础上，尝试从企业自身的角度寻找缓解管理者过度自信对企业资本结构决策不良影响的解决机制。管理者权力是决定管理者在企业决策中执行个人意愿的能力。当管理者拥有的决策权得到较好的监督和约束时，那么管理者过度自信的心理在企业决策上的体现就会有所降低。本章选取沪、深证券市场 2002 ~ 2013 年间的 A 股上市公司为研究样本，分别检验了管理者权力对管理者过度自信与调整速度以及调整方式关系的影响，结果表明：当管理者权力得到控股股东的约束时，管理者过度自信对企业向下调整速度的负向影响减少，同时管理者权力越小，过度自信管理者所在企业向下调整速度得到提高的幅度越大；进一步对调整方式的检验发现，管理者权力越小，过度自信管理者所在企业通过偿还债务的方式实现资本结构下调的概率越大，进而揭示了管理者权力影响管理者过度自信所在企业调整速度的作用路径。此外，为了控制内生性问题的影响，文中还检验了经理人发生变更前后，过度自信管理者对企业资本结构调整速度的影响以及管理者权力对二者关系的影响。结果发现，在经理人变更后，新入职的管理者如果属于过度自信的类型，则会降低企业资本结构向下调整的速度，并且管理者拥有的权力越小，该负向作用越小，从而排除了内生性问题的干扰。同时，为了增进结论的稳健性，本章通过替换管理者权力变量、控制企业的产权性质以及重新设定回归模型等方式进行了再检验，文中的主要结论在以上检验中依然成立。总之，本章的实证结果验证了通过加强对管理者权力的监督和约束，可以降低过度自信管理者对企业决策的影响力，从而优化企业资本结构动态调整的结论。本章的结论为如何缓解管理者过度自信对企业决策的不良影响提供了可行的内部解决机制。

第 5 章

产品市场竞争、管理者过度自信与资本结构动态调整

5.1 问题的提出

上一章中，本书已经尝试从公司自身的角度，寻求缓解管理者过度自信对资本结构动态调整不良影响的解决方法。限制管理者权力，加强对过度自信管理者的监督和约束，是从降低过度自信管理者对公司影响力的角度来优化资本结构动态决策，但并不能对管理者过度自信的心理特征进行纠偏。那么，管理者的过度自信是否能够得到修正，又如何修正呢?

已有的文献曾对这一问题进行过探讨，Aktas 等（2009）构建了 CEO 并购决策过程的模型，并引入了学习过程的影响，他们发现过度自信的管理者可以从一系列的并购经历中学习，过度自信的认知偏差会有所降低，管理者在并购出价时也会逐渐谨慎，并购 CAR 值将有所上升。吴超鹏等（2008）对我国上市公司的并购事件进行了检验，发现学习可以避免管理者因首次并购成功可能产生的过度自信，从而持续保持较好的并购绩效。可见，资本市场对管

理者过度自信能够发挥一定的纠偏作用。正如 Luo（2005）和 Kau et al.（2008）所言，管理者听从于市场。管理者通过参与资本市场运作，根据 CAR 值的信息反馈，个人的认知偏差会得到修正。由此，产生了一个值得思考的问题：除了资本市场以外，产品市场通过影响企业市场份额和业绩同样能够向企业及时传达经营信号，尤其在竞争激烈的环境下，产品市场传达的信号更为直接。那么，产品市场是否能够对过度自信的管理者发挥同样的作用？基于此，本书将从产品市场竞争的角度，寻求对管理者过度自信进行纠偏的外部环境，进而改善企业的资本结构动态决策。具体而言，将考察产品市场竞争如何作用于管理者过度自信与资本结构动态决策二者的关系，为产品市场竞争影响管理者过度自信提供一定的经验证据。

管理者过度自信能否得到修正依赖于信息的反馈。通过不断地获取反映决策效果的信息，管理者才能有所学习，并对个人的心理偏差予以调整。本书认为，产品市场竞争正是通过参与信息传递而作用于管理者纠偏。具体的作用机理可以从以下几点予以解释：

首先，反馈信息的质量直接决定了管理者学习的效果。过度自信的管理者要想通过信息得到正确的评价，一个重要的前提条件是避免“噪音”的干扰，能够获得准确的信息。Einhorn（1980）研究发现如果人们的行为能够得到清晰、准确的反馈，过度自信的心理就会得到适当调整。Larwood 和 Whittake（1977）也发现重大投融资决策的反馈就属于带有噪音且频率较低的类型。由于反馈结果包含了太多不可控因素，这不仅会使管理者的过度自信得不到及时修正，反而加重了过度自信的倾向。那么如何才能减少反馈结果中的“噪音”，使反馈信息能够为企业决策者所用呢？Holmstrom（1982）认为同一行业的企业面临着共同的经济环境和不确定性因素，他们之间的竞争提供了获取高质量信息的最佳途径，形成了相互比较和学习的平台。Camerer 和 Lovallo（1999）进一步证实如果CEO 缺乏同行业 CEO 作为参照比较，他会倾向于认为自己制定的投资项目或并购目标优于平均水平。可见，激烈的竞争便于管理者对企业的经营实力有更准确、及时的客观评价，避免了将个人决策失误归咎于外部环境的倾向，从而为修正个人主观认知偏差提供了有利条件。

其次，信号的强度是纠正管理者过度自信的关键。如果反馈的信号不足以影响管理者的成本收益，那么再准确的信号也没有意义。所以，要发挥外部市场竞争的信号传递作用，还必须建立起与管理者个人利益密切相关的传递机制。已有文献发现，产品市场竞争有助于企业形成以相对业绩评价为基础的薪酬体系（Nalebuff and Stiglitz，1983）。通过将管理者的薪酬与市场反馈信息直接挂钩，让薪酬成为反映市场可比信息的晴雨表，产品市场竞争便建立起信号传递的直接通道。随相对业绩评价变动的管理者薪酬体系可以加强管理者对市场竞争信息的敏感性，强化市场信号的传递。当过度自信管理者的次优化决策体现到相对业绩评价中，管理者便可以从市场竞争中得到较强的信号反馈，从而使纠正个人心理偏差成为可能。

最后，信号的反馈效果还依赖于信号的及时性。产品市场竞争的加强在及时反馈信号方面同样存在优势。在产品市场竞争激烈的行业中，企业的经济活动变得更加活跃和频繁，整个市场经济循环随之加快。产品市场对企业各项决策能够做出及时反馈，迅速体现在企业的市场份额和业绩中。此外，已有文献还发现激烈的市场竞争增加了企业破产清算的可能性（Aghion 等，1999），企业一旦决策失误，就会面临较大损失，甚至财务危机。从这一角度而言，产品市场的反馈比资本市场更快，也更为直接，拥有更大的影响力。

通过以上的分析可以发现，市场竞争对管理者过度自信的纠偏主要依赖于信息传递的三个方面：首先，市场竞争的加强为同行业信息比较提供了平台，从而降低了非主观因素对信息质量的干扰；其次，产品市场竞争有利于企业建立起以相对业绩评价为基础的薪酬体系，从而强化信息的传递效果；最后，产品市场竞争加快了信息反馈过程，直接作用于市场份额和企业业绩。通过这三方面的作用和强化，产品市场竞争可能会对管理者过度自信发挥修正纠偏作用，从而缓解过度自信对资本结构动态调整的负向影响。

鉴于此，本书以沪深两市 2002～2013 年间所有 A 股上市公司为样本，分别从调整速度与调整方式两个方面检验了产品市场竞争对管理者过度自信与资本结构动态决策关系的影响。结果表明：管理者过度自信与资本结构调整速度显著负相关，但产品市场竞争则与管理者过度自信和主动偏离的交叉项在高于目标资本结构时显著正相关，这表明产品市场竞争的加剧有利于缓解管理者过度自信对调整速度的负向影响，但仅在高于目标资本结构时发挥作用，而在低于目标资本结构时的作用不明显。这可能是由于只有在高于目标资本结构下，产品市场竞争对管理者传递的信号压力较大，才足以修正管理者过度自信的认知偏差。此外，在影响调整方式部分则发现，产品市场竞争与管理者过度自信和主动偏离的交叉项系数，在对企业现金分红和偿还债务的回归中显著正相关。这说明由于过度自信的管理者高估了外部融资成本，主要通过现金分红以及偿还债务的方式分别实现资本结构向上调整和向下调整，所以产品市场竞争提高过度自信管理者的调整速度主要依赖于增加以上方式进行调整的概率。

本章的贡献主要表现在以下几个方面：首先，已有文献关注管理者过度自信对企业决策的影响较多，而缺乏对缓解管理者过度自信带来不良影响的研究，而本书首次从产品市场竞争的视角寻求如何克服管理者过度自信的解决机制，从而丰富了行为金融领域的相关文献。其次，产品市场竞争作为一种外部治理机制能够有效降低代理成本的作用已经得到了一致认可（Baggs and De Bettignies, 2006；谭云清和朱荣林，2007）。本书的研究则发现产品市场竞争机制不仅能够降低代理成本，而且能够降低管理者的行为成本，对管理者过度自信的心理偏差存在一定的修正作用，从而丰富了产品市场竞争领域的研究。最后，本书的研究具有重要的现实意义：通过提高产品市场竞争，强化市场信号反馈，管理者过度自信的心理偏差能够得到修正，从而缓解管理者心理偏差对企业产生的负向影响。

本章总共包含四个部分，具体的结构如下：第二部分是研究设计与描述性统计；第三部分是实证结果分析；最后是本章的研究结论。

5.2　研究设计与描述性统计

5.2.1　研究设计

（1）样本选择。

本书选取沪深两市 2002 ~ 2013 年全部 A 股上市公司为研究样本。主要是考虑到盈利预测数据是从 2001 年正式开始披露，2002 年披露工作才开始步入正轨。因此，从数据的客观性和可获取性来看，选择 2002 年作为样本期间的开始比较合适。样本的筛选遵从以下原则：①剔除了金融类上市公司样本；②为了消除 IPO 的影响，剔除了当年首次公开上市的公司；③为了估计资本结构的变化至少需要连续两年以上的数据，剔除了观测数据少于连续两年的样本；④为了消除高管变动的影响，剔除了当年董事长或总经理发生变动的样本；⑤剔除预测信息披露时间在披露对象期间结束之后的样本；⑥剔除其他可能导致乐观盈利预测的样本，例如：下一年再融资或高估盈利操纵股价进行套现等样本；⑦最后，剔除了相关变量数据缺失的样本。经统计，扣除存在缺失值的样本总共获得 6510 个观测值，其中去除高管变更样本 2020 个，操纵股价违规样本 27 个，再融资样本 91 个，最后剔除缺少连续两年以上数据的样本，共得到 1642 个观测值。此外，为了缓解异常值对回归结果的影响，所有比率变量均进行了1%和99%的 Winsorize 处理。本书数据全部来源于 CSMAR 数据库和 Resset 数据库。

（2）主要变量界定。

1）产品市场竞争：如何衡量产品市场竞争一直是该领域研究的一大难题。已有的研究对产品市场竞争的度量进行了广泛的尝试，最常采用的指标主要有价格成本边际（PCM）、赫芬达尔—赫希曼指数（HHI）、市场集中度（CRn）以及市场规模（N）等指标。但除价格成本边际以外，其他指标衡量的均是所在行业整体面临的竞争强度，而无法具体度量每一企业在行业内所面临的竞争程度。由于管理者在决策中最关心、最直接搜集的行业竞争信息主要是本企业在行业竞争中的表现和所处的地位，因而本书借鉴 Peress（2010）的做法，采用价格成本边际 PCM（price-cost margin），即勒纳指数（Lerner，1934）来衡量公司所面临的产品市场竞争程度。勒纳指数反映了公司在边际成本之上对产品进行定价的能力，价格成本边际越大，说明公司在行业市场中拥有更强的势力，面临的市场竞争越弱。具体计算方法：将价格成本边际 PCM 定义为（折旧 + 息税前利润）/销售收入。由于该计算方式利用公司层面的数据予以计算，因而能更好地衡量同一行业中不同公司所面临的竞争程度。此外，在稳健性检验中，为了更全面地反映企业所面临的产品市场竞争，本书还借鉴已有研究采用以下两种方式重新定义产品市场竞争指标：超额价格成本边际 EPCM（Gaspar 和 Massa，2006）以及行业内所有企业市场份额的平方和（赫芬达尔—赫希曼指数 HHI，

Hirschman，1945；Herfindahl，1950）。

2）管理者过度自信：管理者过度自信的正确衡量一直是该领域发展的研究热点，目前已有研究主要从以下几个方面对管理者过度自信的衡量进行了尝试：①主流商业媒体对 CEO 个人的描述和评价（Malmendier 等，2011；Hirshleifer 等，2012）；②管理者所拥有股票期权的行权特征和比例（Malmendier 和 Tate，2005，2008；郝颖等，2008）；③企业发布的盈利预测偏差（Lin 等，2005；黄莲琴和傅元略，2010；姜付秀等，2009）；④管理者的相对薪酬比例（Hayward 和 Hambrick，1997；姜付秀等，2009）；⑤消费者情绪指数和企业景气指数（Oliver，2005；余桂明等，2006）。但主流商业媒体的评价需要对管理者过度自信所用描述词汇进行定义，主观性较强，导致媒体对管理者的评价容易存在选择性偏差等缺陷。考虑到中国上市公司股票期权的实施尚不成熟，利用管理者期权行权特征对管理者过度自信进行衡量也不具备客观条件。此外，国有企业高管存在薪酬管制，也为利用相对薪酬反映管理者过度自信增加了难度。而企业景气指数和消费者情绪指数则只能反映到行业层面，考虑到以上衡量方式存在诸多条件限制，本章将采用公司盈利预测事后是否发生“变脸”来衡量管理者过度自信。Hribar 和 Yang（2013）提供的经验证据表明在商业杂志上被评为过度自信的 CEO 更有可能发布高估的盈利预测。姜付秀等（2009）尝试利用我国企业发布的乐观盈利预测对管理者过度自信进行了衡量，借鉴他们的做法文中统计了盈利预测的类型，其中预盈、预增、预平、减亏属于利好的预测类型，如果每年至少有一次企业实际的盈利状况低于预测水平，即发生了业绩“变脸”，则定义该公司的管理者过度自信变量为 1，否则为 0。具体来讲，主要有以下几类业绩“变脸”类型：预盈，但实际亏损；预增，但实际盈利下降；预平，但实际亏损；减亏，但实际亏损增加。这些都属于实际的盈利低于预测的水平的状况。

（3）实证模型。

根据前文的理论分析，本章主要从调整速度和调整方式两个方面检验产品市场竞争对过度自信管理者所在企业资本结构动态决策的影响，第一步先检验对调整速度的影响，随后再检验对调整方式的影响，具体实证模型的设定如下：

1）产品市场竞争、管理者过度自信与资本结构动态调整速度。

根据 Faulkender 等（2012）的做法，资本结构调整包含两个部分：机械调整和主动调整。机械调整是指公司年度经营利润的实现所导致的公司资本结构变化，这一过程不是企业主动愿意进行调整的结果，不涉及交易成本。因此，本书只计算资本结构的主动调整速度，先利用公式（1）和公式（2）同时估计目标资本结构：

$$Lev_{i,t} - Lev_{i,t-1} = \gamma(Lev_{i,t}^{*} - Lev_{i,t-1}) + \varepsilon_{i,t} \tag{1}$$

$$Lev_{i,t}^{*} = \beta X_{i,t-1} \tag{2}$$

将公式（2）代入公式（1），得到：

$$Lev_{i,t} = \gamma\beta X_{i,t-1} + (1-\gamma)Lev_{i,t-1} + \varepsilon_{i,t} \tag{3}$$

通过模型（3）的回归可以得到参数向量 β，将其代入模型（2）就可以估计出目标资本结构 $Lev_{i,t}^{*}$。$Lev_{i,t}$和 $Lev_{i,t-1}$为 i 公司在 t 年末和 t－1 年末的有息负债率，$Lev_{i,t}^{*}$代表目标资本结构。从模型（3）的回归中可以得到参数向量 β，代入模型（2）就可以估计出 $Lev_{i,t}^{*}$。$X_{i,t-1}$代表一系列企业、行业特征控制变量，借鉴现有文献（Flannery 和 Rangan，2006；姜付秀和黄继承，2011；Faulkender et al.，2012）的做法，控制变量包括：盈利能力 EBIT_TA（息税前利润占总资产比）、成长性 MB（股票市值与负债账面价值占总资产比）、非负债税盾 DEP_TA（固定资产折旧占总资产比）、企业规模 LnTA（总资产对数）、抵押能力 FA_TA（固定资产占总资产比）、行业资本结构 Ind_median（行业中位数），以及 Overcon（管理者过度自信，具体定义同上章）。同时，还控制了年度和行业固定效应。

然后，通过模型（4）来估计资本结构的主动调整速度。

$$Lev_{i,t} - Lev^{p}_{i,t-1} = \gamma(Lev^{*}_{i,t} - Lev^{p}_{i,t-1}) + \varepsilon_{i,t} \tag{4}$$

其中，$Lev^{p}_{i,t-1} = D_{i,t-1}/(A_{i,t-1} + NI_{i,t})$，$D_{i,t-1}$表示i公司在t-1年末的有息负债，$A_{i,t-1}$表示i公司在t-1年末的总资产，$NI_{i,t}$表示i公司在t年度的净利润，$Lev^{p}_{i,t-1}$表示i公司在t年净融资额为零时，公司在t年末的资本结构。

最后，为了检验产品市场竞争对管理者过度自信与调整速度关系的影响，本书扩展了模型（4）：

$$\begin{aligned} Lev_{i,t} - Lev^{p}_{i,t-1} = &(\gamma_0 + \gamma_1 Overcon_{i,t} + \gamma_2 PCM_{i,t-1} \times Overcon_{i,t} \\ &+ \gamma_3 PCM_{i,t-1}) \times (Lev^{*}_{i,t} - Lev^{p}_{i,t-1}) + \varepsilon_{i,t} \end{aligned} \tag{5}$$

Overcon表示管理者过度自信，$PCM_{i,t-1}$表示滞后一期的产品市场竞争指标，是竞争的反指标，即PCM越大，竞争程度越低。γ_2衡量的是产品市场竞争对管理者过度自信与调整速度的影响，如果γ_2显著为正，则说明产品市场竞争程度越低，管理者过度自信对调整速度的负向影响越小；而如果γ_2显著为负，则说明产品市场竞争程度越高，管理者过度自信对调整速度的负向影响越小。

2）产品市场竞争、管理者过度自信与资本结构调整方式。

本书构建模型（6）检验产品市场竞争对管理者过度自信与资本结构调整方式的影响，以揭示其影响管理者过度自信与调整速度的内在路径：

$$\begin{aligned} P(Adjust\_N_{i,t} = 1) = \Phi(&\alpha_0 + \alpha_1 Dev^{a}_{i,t-1} + \alpha_2 Overcon_{i,t} \times Dev^{a}_{i,t-1} \\ &+ \alpha_3 PCM_{i,t-1} \times Overcon_{i,t} \times Dev^{a}_{i,t-1} \\ &+ \alpha_4 PCM_{i,t-1} \times Dev^{a}_{i,t-1} + \beta X_{i,t-1} + \varepsilon_{i,t}) \end{aligned} \tag{6}$$

其中，$Adjust_N_{i,t}$表示资本结构调整哑变量，N表示第N种调整方式，如果进行了第N种调整则定义为1，否则为0。结合我国

实践，主要包含了增加（减少）有息负债和正（负）净权益融资四种调整方式。其中，增加有息负债和负权益融资用于实现资本结构的向上调整，减少有息负债和正净权益融资用于实现资本结构的向下调整。借鉴 Leary 和 Roberts（2005）的做法，本书将增加（降低）净债务融资，定义为 $(D_{i,t}-D_{i,t-1})/A_{i,t}$，即 t 年度新增（减少）有息债务除以年末总资产大于等于 5%；将正（负）净权益融资定义为 $(E_{i,t}-E_{i,t-1}-NI_{i,t})/A_{i,t}$，即当年新增（减少）净权益扣除净利润除以年末总资产大于等于 5%；$Dev^{a}_{i,t-1}=|Lev^{*}_{i,t}-Lev^{p}_{i,t-1}|$，表示在 t 年初 i 公司发生的资本结构主动偏离。$X_{i,t-1}$ 表示一系列控制变量，与上文一致，这里不再赘述。模型假定 Φ 服从正态分布，运用 Probit 模型进行回归分析。α_3 用来考察产品市场竞争对管理者过度自信与调整方式 N 关系的影响，如果回归系数 α_3 符号显著为正，则说明产品市场竞争越低，管理者过度自信对调整方式 N 的正向影响越显著；反之，如果 α_3 符号显著为负，则说明产品市场竞争越激烈，管理者过度自信对调整方式 N 的正向影响越显著。

5.2.2 描述性统计

表 5－1 是对本章样本中主要变量的描述性统计。可以看出，在 PanelA 中，价格边际成本的均值为 14%，中位数为 13.8%，标准差为 0.295，分布较为分散。Kale 和 Loon（2011）发现 1984～2003 年间美国上市公司的 PCM 均值（中位数）为 0.109（0.128），与中国相比值更低，这说明中国企业的定价能力略高于美国，企业所面临的产品市场竞争整体稍弱。当 PCM 指标经过行业均值调整后，便可得到超额价格成本边际 EPCM，均值和中位数均接近 0，分别为 0.022 和 0.025，而标准差与未调整前基本一致，为 0.286。HHI 的均值和中位数分别为 0.159 和 0.116，标准差为 0.136。此

外，当区分高于和低于目标资本结构后，可以发现在低于目标资本结构组时 PCM 为 0.150，EPCM 为 0.031，HHI 为 0.155，而在高于目标资本结构组时 PCM 为 0.131，EPCM 为 0.012，HHI 为 0.162，对以上竞争指标分别进行两组间的均值检验，但并未发现存在显著差异。管理者过度自信指标均值为 0.108，这表明总体样本中过度自信的管理者占 10.8%，中位数为 0，标准差为 0.311。进一步区分低于和高于目标水平组时，过度自信管理者的占比分别为 11.6% 和 10.6%，前者略高于后者。

表 5－1　　描述性统计

	Mean	Median	St. Dev.	Under	Over
Panel A：PMC and Overconfidence					
PCM	0.140	0.138	0.295	0.150	0.131
EPCM	0.022	0.025	0.286	0.031	0.012
HHI	0.159	0.116	0.136	0.155	0.162
Overcon	0.108	0	0.311	0.116	0.106
Panel B：Leverage targets and deviations					
Lev target	0.253	0.235	0.248	0.359	0.147
Dev[a]	0.127	0.085	0.165	0.124	0.130
Panel C：Capital structure adjustment					
Net debt increase	0.307	0.000	0.461	0.511	0.102***
Net debt decrease	0.150	0.000	0.357	0.032	0.268***
Positive net equity financing	0.129	0.000	0.335	0.084	0.174***
Negative net equity financing	0.076	0.000	0.264	0.063	0.088*
Panel D：Firm characteristics					
Lagged Lev	0.279	0.250	0.390		
Lagged EBIT_TA	0.055	0.056	0.086		

续表

	Mean	Median	St. Dev.	Under	Over
Lagged MB	1. 872	1. 400	1. 279		
Lagged DEP_TA	0. 024	0. 021	0. 016		
Lagged LnTA	20. 846	20. 788	0. 959		
Lagged FA_TA	0. 278	0. 252	0. 173		
Lagged Ind_median	0. 229	0. 237	0. 095		

注：*、**、*** 分别表示在 10%、5%、1% 水平显著。

在目标资本结构估算中，Flannery 和 Hankins（2013）发现在所有的估算方法中 LSDVC（最小虚拟变量二乘法）最精确。因此，本书采用 LSDVC 来估算目标资本结构，由 Panel B 可知，样本公司的目标资本结构均值为 0. 253，中位数为 0. 235，标准差为 0. 248。进一步计算资本结构主动偏离 Dev^a 的均值（中位数）为 0. 127（0. 085），标准差为 0. 165，说明公司资本结构偏离目标水平的情况比较普遍，且不同公司间存在差异。此外，目标资本结构在低于目标资本结构时的均值较高，为 0. 359，而在高于目标资本结构时的样本均值较低，为 0. 147，这表明现实中往往存在应确立较高债务水平却出现负债不足、未利用好利息税盾的企业，以及应维持较低目标水平却过度举债的企业。主动偏离方面发现，在低于目标水平的样本组中，主动偏离度为 0. 124，而高于目标资本结构组的主动偏离度相对较高，为 0. 130，说明样本组中企业向上主动偏离度更高。

Panel C 是四种调整方式的描述性统计，债务融资变动上，增加和减少有息债务率的平均概率分别为 0. 307 和 0. 150。当低于目标水平时，公司增加债务的平均概率为 51. 1%，而偿还债务的概率只占 3. 2%，显然在低于目标水平时，企业增加债务的倾向较高；而在高于目标水平时，增加和减少有息债务的公司分别占 10. 2% 和

26.8%，此时企业偿还有息负债的倾向更高。从净债务融资的变化上就可看出企业进行目标资本结构动态调整的倾向，其中对债务的融资和偿还则是实现调整的重要方式。从权益融资的变动上来看，净权益融资（占总资产5%以上）为正的样本公司占12.9%，负净权益融资的公司占比为7.6%。可见，权益融资变动的频率要低于债务融资，说明中国企业依然是以债务融资为主。当低于目标水平时，公司正净权益融资的平均概率为8.4%，负净权益融资概率为6.3%，企业通过分红进行调整的意愿并不高；高于目标水平时，正净权益融资概率为17.4%，负净权益融资的概率仅为8.8%，这说明此时公司发行股票进行调整的倾向较大，表现出了趋向目标水平的特征。此外，本书还对四种调整方式在高于目标资本结构组和低于目标资本结构组的发生概率进行了均值检验，增加负债的概率在低于目标资本结构时在1%的水平下显著更高，偿还有息负债在高于目标资本结构组在1%的水平下显著更高，发行新股的概率在高于目标资本结构时在1%的显著性水平下显著更高，这些都与企业趋向目标资本结构进行调整的逻辑一致，然而现金分红的概率却在高于目标资本结构时在10%的显著性水平下更高，这表明我国企业可能存在为了满足企业再融资的条件进行借债分红的特点。Panel D描述的是用于估算目标资本结构的企业特征变量，这里不再详细介绍。

为初步考察产品市场竞争对管理者过度自信影响资本结构动态调整的作用，表5-2中按竞争指标区分高产品市场竞争组与低产品市场竞争组对主要变量进行了均值检验。具体结果如下：以价格成本边际（PCM）的均值为标准，低于均值的样本为高产品市场竞争组，有934个样本，高于均值的样本为低产品市场竞争组，有708个样本，两组共有1642个样本。过度自信的管理者在高竞争组中占9.19%，标准差为0.289，而在低竞争组中，过度自信的管理者占比为12.18%，标准差为0.3271，对两组进行的均值T检验发现，两组均值相差 -0.0299，前者在1%的显著性水平下低于后者。由于本书的竞争指标采用的是滞后一期的观察值，这表明如果企业上一年面临的产品市场竞争越高，当年过度自信管理者的占比越低，从而为产品市场竞争修正管理者过度自信的心理偏差提供了初步支持。目标资本结构在高竞争组均值为0.2827，标准差为0.2397，低竞争组均值为0.2311，标准差为0.2527，前者均值显著高于后者。资本结构主动偏离指标在高竞争组的均值为0.1299，标准差为0.1701，而在低竞争组中的均值为0.1239，标准差为0.1583，均值检验发现二者不存在显著差异，这可能是由于尽管高强度的产品市场竞争会迫使企业进行资本结构调整，但高竞争组的企业盈余波动较大，因而在主动偏离上与低竞争组之间未表现出差异。

从资本结构动态调整的四种方式来看，增加有息负债在高竞争组的占比为28.63%，在低竞争组的占比为34.73%，后者在1%的水平下显著高于前者，说明产品市场竞争较低组增加有息负债的可能性更高。而偿还有息负债的概率则相反，在高竞争组，偿还有息负债的概率为20.24%，低竞争组中偿还有息负债的概率则有所下降，仅为10.71%，在1%的显著性水平下低于前者。可见激烈的产品市场竞争向企业传递了压力信号，加大了企业偿还有息负债的概率。权益融资变化上，正净权益融资即发行新股方面，在高竞争组概率较低，仅为9.94%，而在低竞争组的概率较高，为13.02%，后者显著高于前者，表明在低竞争组时，企业进行权益融资的概率较高。最后，在负权益融资方面，低竞争组现金分红的概率为8.69%，高竞争组现金分红的概率仅为6.53%，尽管样本公司整体分红水平较低，但低竞争组的现金分红概率在1%的显著性水平下高于高竞争组，说明在激烈的产品市场竞争下，企业发放现金股利的意愿较低，如果企业存在盈余也会先选择偿还债务或者留存以备未来之需。

PCM 指标在不同的行业间存在结构性差异，因此本书对 PCM 进行了年度行业调整，用 PCM 减去该年度以行业销售收入为权重的加权平均 PCM，最终得到超额价格成本边际（EPCM），并以 EPCM 的均值为标准，将样本再次区分为高竞争组和低竞争组重新进行均值检验，具体结果如表 5-2 的 Panel B 所示。

表 5-2　　高竞争组与低竞争组均值检验

Panel A：按 PCM 区分竞争高低组					
变量名称	高竞争组（N=934）		低竞争组（N=708）		均值 t 检验 (1)~(2)
	均值（1）	标准差（2）	均值（3）	标准差（4）	
Confidence	0.0919	0.2890	0.1218	0.3271	-0.0299***
Lev target	0.2827	0.2397	0.2311	0.2527	0.0516***
Dev[a]	0.1299	0.1701	0.1239	0.1583	0.0060
Net debt increase	0.2863	0.4521	0.3473	0.4762	-0.0610***
Net debt decrease	0.2024	0.4019	0.1071	0.3093	0.0953***
Positive net equity	0.0994	0.2993	0.1302	0.3366	-0.0307***
Negative net equity	0.0653	0.2471	0.0869	0.7561	-0.0216***
Panel B：按 EPCM 区分竞争高低组					
变量名称	高竞争组（N=954）		低竞争组（N=688）		均值 t 检验 (1)~(2)
	均值（1）	标准差（2）	均值（3）	标准差（4）	
Confidence	0.0972	0.2964	0.1165	0.3208	-0.0192**
Lev target	0.2931	0.2455	0.2247	0.2467	0.0684***
Dev[a]	0.1305	0.1589	0.1236	0.1695	0.0069
Net debt increase	0.2922	0.4549	0.3402	0.4739	-0.0480***
Net debt decrease	0.1966	0.3975	0.1157	0.3199	0.0809***
Positive net equity	0.0972	0.2964	0.1305	0.3369	-0.0333***
Negative net equity	0.0691	0.2536	0.0831	0.2761	-0.0140*

注：*、**、*** 分别表示在 10%、5%、1% 水平显著。

从表5-2可以看出，过度自信在低竞争组中所占的比例更高，显著性水平为5%，与Panel A的结果一致，再次为激烈的产品市场竞争会降低管理者过度自信提供了初步证实。目标资本结构的估算上，同样是高竞争组中的目标水平更高，在此基础上计算的主动偏离度在两组样本中相差不大。对四种调整方式在两组中的对比发现，高竞争组中，企业增加有息负债的概率更低，偿还有息负债的概率更高。另外，无论是正净权益融资还是负净权益融资，在高竞争组中的概率都更低。由此可见，产品市场竞争的加剧会加快企业偿还有息负债，但会减少企业增加有息负债、发行新股以及现金分红的概率。

5.3 实证结果分析

以上的描述性统计结果只为产品市场竞争对管理者过度自信以及资本结构动态调整可能产生的影响提供了初步的统计支持，并不足以揭示内在的作用机理。为了进一步揭示产品市场竞争对管理者过度自信与资本结构动态调整二者关系的影响，本书根据前文构建的实证模型从调整速度以及调整方式两个方面进行了检验。

5.3.1 产品市场竞争、管理者过度自信与资本结构调整速度

首先，为了检验产品市场竞争对管理者过度自信与调整速度二者关系的影响，本书利用模型（5）进行了回归。为了控制异方差和序列相关对标准误差的影响，本书借鉴Uysal（2011）等的研究，按公司和年度层面进行了聚类调整。具体回归结果如表5-3所示。

表 5-3　　产品市场竞争、管理者过度自信与调整速度

样本	All	Under	Over	All	Under	Over
Dev^a	0.356*** (20.75)	0.383*** (27.83)	0.345*** (11.36)	0.358*** (16.09)	0.376*** (19.71)	0.346*** (11.53)
$Overcon \times Dev^a$	-0.054** (-2.02)	-0.042* (-1.78)	-0.062* (-1.67)	0.0032 (0.09)	-0.0565 (-1.63)	0.0280 (0.70)
$PCM \times Overcon \times Dev^a$				-0.171** (-1.96)	0.0543 (0.51)	-0.216** (-2.19)
$PCM \times Dev^a$				-0.004 (-0.09)	0.0513 (0.76)	-0.0079 (-0.15)
_cons	0.003*** (5.29)	0.0007 (0.35)	0.001 (0.39)	0.003** (2.49)	0.0009 (0.41)	0.0017 (0.56)
N	1642	822	820	1642	822	820
Adj. R^2	0.615	0.473	0.515	0.618	0.476	0.518

注：标准误差经公司层面的 cluster 调整计算得出，*、**、*** 分别代表在 10%、5% 和 1% 的水平下显著。

前三列是管理者过度自信对调整速度单独作用的回归结果，第一列是对全样本的回归，可以发现 $Overcon \times Dev^a$ 的系数为 -0.054，在 5% 的水平下显著为负，在低于目标资本结构时这种负向影响有所缓解，系数为 -0.042，而在高于目标资本结构下的负向影响则有所加强，系数为 -0.062，这表明无论在全样本还是区分调整方向的样本组中过度自信的管理者确实显著降低了企业资本结构的调整速度。在此基础上，再来进一步考察产品市场竞争如何作用于管理者过度自信与调整速度二者的关系，为此本书在回归中增加了 PCM（价格成本边际），通过引入 PCM 与过度自信以及主动偏离的交叉项来检验产品市场竞争的作用。

在全样本中，可以看出 $PCM \times Overcon \times Dev^a$ 的交叉项系数为

-0.171，T值为-1.96，在5%的水平上显著为负，即价格成本边际越高，管理者过度自信对调整速度的负向影响越大。而价格成本边际越高，则意味着产品市场竞争程度越弱，这表明管理者过度自信在产品市场竞争较弱的情况下，调整速度更慢。但在竞争激烈的产品市场中，比如PCM接近0时，管理者过度自信对调整速度的负向影响会大幅度降低，甚至不再有负向作用，$Overcon \times Dev^{a}$ 的交叉项系数为0.0032，但不显著。这说明，当产品市场竞争足够激烈时，管理者过度自信有所降低，不再对企业的调整速度产生明显的降低作用。进一步以均值公司为例，当PCM为均值0.140时，过度自信的管理者所在公司的调整速度降低2.1%（0.0032-0.171×0.14）左右，当PCM降低1%即为0.13时，管理者过度自信对调整速度的负向影响为1.9%，减少了0.2%，具有显著的经济意义。区分调整方向后，可以发现在低于目标资本结构时，$PCM \times Overcon \times Dev^{a}$ 的系数并不显著，这表明此时产品市场竞争对管理者过度自信的调整速度无明显影响；而在高于目标资本结构时，三者的交叉项系数为-0.216，显著性水平为5%，与全样本的方向一致，但影响力度更大。这表明产品市场竞争程度越强，管理者过度自信对企业向下调整资本结构的速度影响越弱。

由以上结果可知，激烈的产品市场竞争能够发挥修正管理者过度自信的作用，从而减少过度自信对调整速度的负向影响，但该作用主要在高于目标资本结构时显著。可能的原因是资本结构的调整收益和成本具有不对称性，当企业的资本结构高于目标水平时，激烈的产品市场竞争传达的信号压力更大，如果企业不及时调整，就会面临较高的破产威胁，受到市场的惩罚也更为严重，这为产品市场竞争修正管理者过度自信提供了更有利的条件。而在低于目标资本结构时，产品市场竞争对企业偏离目标水平时的惩罚较低，因而很有可能不足以向过度自信的管理者传达强烈的信号，进而改变调整结果。因此，以上的检验基本从调整效果上验证了产品市场竞争对管理者过度自信进行资本结构调整的修正作用。

5.3.2　产品市场竞争、管理者过度自信与调整方式

企业趋向目标资本结构需要借助于相应的调整方式。既然产品市场竞争有助于提高管理者过度自信的调整速度，那么这一过程必然涉及对调整方式的选择。因此，本书继续关注了产品市场竞争对管理者过度自信与调整方式二者关系的影响，利用模型（7）对此进行了检验。具体结果如表 5 -4 所示。

表 5 -4　　产品市场竞争、管理者过度自信与调整方式

Panel A：Under	增加有息负债		负权益融资	
Dev^a	9.716*** (9.43)	10.19*** (9.73)	0.737*** (3.55)	1.063*** (3.68)
$Dev^a \times Overcon$	-0.885 (-0.33)	-0.845 (-0.30)	4.932*** (2.91)	4.831** (2.12)
$Dev^a \times Overcon \times PCM$	-1.070 (-0.18)	-1.461 (-0.24)	-9.286** (-2.23)	-10.92* (-1.76)
$Dev^a \times PCM$	1.007 (0.30)	0.184 (0.06)	3.506 (0.73)	5.858 (1.06)
Over	0.193 (0.71)	0.181 (0.63)	-1.448*** (-3.84)	-1.381*** (-3.18)
PCM	-0.576 (-1.06)	-0.364 (-0.65)	0.258 (0.27)	0.601 (0.60)
EBIT_TA	2.958** (2.46)	2.507* (1.92)	2.688 (1.40)	4.017* (1.89)
MB	-0.0137 (-0.24)	-0.0362 (-0.57)	0.0611 (0.65)	-0.0927 (-0.68)

续表

Panel A：Under	增加有息负债		负权益融资	
DEP_TA	3.899 (0.71)	1.528 (0.26)	1.958 (0.25)	−0.228 (−0.03)
LnTA	0.228*** (3.27)	0.256*** (3.29)	0.160* (1.86)	0.126 (1.16)
FA_TA	0.716 (1.45)	0.984* (1.93)	−1.763** (−2.34)	−2.352*** (−3.04)
Indlev	−0.760 (−1.17)	0.579 (0.64)	1.686* (1.78)	1.099 (0.73)
_cons	−5.976*** (−4.12)	−6.567*** (−3.95)	−5.147*** (−2.87)	−5.296** (−2.22)
Year and Industry	No	Yes	No	Yes
N	822	822	822	822
Pseudo R^2	0.268	0.302	0.103	0.210
Panel B：Over	减少有息负债		正权益融资	
Dev^a	3.628*** (5.52)	3.507*** (5.32)	1.345*** (3.83)	1.657*** (3.80)
Dev^a × Overcon	4.161* (1.93)	4.112* (1.94)	0.119 (0.11)	−0.0470 (−0.05)
Dev^a × Overcon × PCM	−4.505* (−1.82)	−4.258* (−1.74)	−1.484 (−0.68)	−1.589 (−0.72)
Dev^a × PCM	−1.111 (−1.17)	−1.043 (−1.13)	0.276 (0.76)	0.350 (0.79)
Over	−0.325 (−1.39)	−0.310 (−1.33)	0.102 (0.57)	0.108 (0.57)
PCM	0.701** (2.27)	0.676** (2.15)	−0.382 (−1.60)	−0.348 (−1.22)

续表

Panel B：Over	减少有息负债		正权益融资	
EBIT_TA	-3.919*** (-4.24)	-3.939*** (-4.18)	2.989*** (3.32)	2.646*** (2.75)
MB	-0.0704 (-1.33)	-0.0609 (-1.16)	0.00480 (0.10)	-0.0411 (-0.78)
DEP_TA	11.91** (2.33)	9.611* (1.89)	-5.205 (-0.93)	-6.097 (-1.02)
LnTA	0.126** (2.19)	0.140** (2.45)	-0.0891 (-1.43)	-0.116* (-1.74)
FA_TA	-0.972* (-1.89)	-0.714 (-1.37)	0.811 (1.51)	0.539 (0.93)
Indlev	0.219 (0.37)	0.487 (0.71)	-0.281 (-0.42)	0.314 (0.36)
_cons	-3.579*** (-2.94)	-8.141*** (-6.46)	0.545 (0.42)	-2.992** (-2.06)
Year and Industry	No	Yes	No	Yes
N	820	820	820	820
Pseudo R^2	0.194	0.207	0.062	0.107

注：标准误差经公司层面的 cluster 调整计算得出，*、**、*** 分别代表在 10%、5% 和 1% 的水平下显著。

Panel A 是低于目标资本结构组的企业样本，此时企业主要可以通过增加有息负债和负权益融资两种方式实现资本结构的向上调整。由主动偏离与两种调整方式的回归系数可知，主动偏离与这两种调整方式的发生概率显著正相关，这表现出了企业通过它们实现资本结构上调的趋势，与前文的描述性统计结果一致。$Dev^a \times Overcon \times PCM$ 的交叉项系数是考察的重点。

在增加负债列，过度自信与主动偏离的交叉项系数虽然为负，但并不显著，表明过度自信的管理者对增加负债这种调整方式并没有产生显著影响，在此基础上考虑产品市场竞争带来的影响则发现，产品市场竞争与过度自信和主动偏离三者交叉项系数为负，但并不显著，产品市场竞争与主动偏离单独的交叉项系数为正，也并不显著。这一结果在控制与未控制年度和行业固定效应下均一致，这表明过度自信管理者对增加负债的调整方式未产生显著影响，而产品市场竞争的加剧也未改变过度自信的管理者对调整方式的影响。

在负权益融资列，当未控制年度和行业固定效应时，过度自信与主动偏离的交叉项系数为4.932，在1%的水平下显著为正，这表明过度自信的管理者增加了企业通过负权益融资进行资本结构上调的概率，这与第3章的结果一致，即过度自信的管理者更倾向于通过内源资金实现调整，从而降低调整成本。

进一步来看产品市场竞争对过度自信管理者选择调整方式的影响，$Dev^a \times Overcon \times PCM$ 的交叉项系数为 -9.286，显著性水平为5%，即PCM越大，过度自信管理者通过负权益融资进行调整的意愿越低，说明产品市场竞争对过度自信管理者通过负权益融资方式进行调整的概率具有正向影响，当PCM越大时，产品市场竞争越弱，过度自信的管理者通过负权益融资进行调整的概率降低，尤其当PCM高于0.531时，过度自信的管理者对资本结构偏离下企业通过负权益融资进行调整的影响降为0；相反，当PCM有所下降时，产品市场竞争加强，过度自信的管理者通过负权益融资的概率将会上升。以平均值企业为例（平均的 Dev^a 和PCM），过度自信的管理者进行负权益融资的概率为46% $[(4.932-9.286\times0.14)\times0.127]$，而当PCM下降1%时，概率增加到47% $[(4.932-9.286\times0.13)\times0.127]$，这表明产品市场竞争越激烈，过度自信的管理者增加负权益融资即现金分红的概率也会增加，从而对过度自信的管理者在低于目标资本结构时产生修正作用，增加他们的调整意愿。以上结果在控制了年度与行业因素重新回归后依然成立，不论系数大小还是显著性都基本不变，表现出该结论不受年度和行业因素的干扰。

此外，在描述性统计中发现高竞争的样本公司现金分红的概率较低，但回归结果中并未发现产品市场竞争对非过度自信管理者通过现金分红实现向上调整的概率有所影响。从其他控制变量的回归结果来看，固定资产比重与增加有息负债显著正相关，而与负权益融资显著负相关，这表明抵押能力较高的企业由于能够获得更多的贷款，因而增加有息负债的概率较高，但发放现金股利的概率却较低，这表明这些企业的盈利状况未必较强。而盈利能力较强、企业规模较大的企业与增加有息负债和负权益融资的回归系数都显著为正，这是由于这类企业更受债权人青睐，因而获得贷款能力较强，同时也更有能力发放股利。

然而，值得思考的是，结合调整速度的检验可以发现，尽管产品市场竞争增加了过度自信的管理者进行负权益融资的概率，但并没有增加过度自信管理者所在企业的调整速度。这表明，虽然产品市场竞争的加强有利于过度自信的管理者增加通过内部资金发放股利以实现资本结构向上调整的概率，但是这种作用最终并未实现资本结构调整速度加快的结果。分析其内在原因可能有三种：其一，这可能是由管理者过度自信的公司资本结构偏离程度较大所致。在低于目标资本结构时，管理者过度自信的企业偏离程度均值为 0.13，管理者非过度自信的企业为 0.12，前者在 1% 的水平下显著高于后者。在这种情况下，就存在即使增加了企业发放现金股利的频率，但由于偏离程度较大，从调整结果来看，并没有加快调整速度。其二，由于产品市场竞争的加强，企业的盈余状况会受到一定冲击，因此现金股利发放比例受限，也会造成调整幅度较小，调整速度没有显著性改变的现象。其三，我国产品市场竞争整体强度与发达国家相比较低，并且低于目标资本结构时企业偏离最优资本结构的成本远远低于高于目标资本结构时的破产压力，因此整体强度不足的产品市场竞争对过度自信管理者的调整速度并未产生显著影响。

接下来，在高于目标资本结构时，企业主要通过减少有息负债以及正权益融资两种方式调整，具体结果如 Panel B 所示。可以看出，主动偏离 Dev^a 与两种方式在 1% 的显著性水平下呈正相关关系，企业在发生向上偏离时通过两种方式向目标水平调整的趋势明显。在减少有息负债的回归中，当未控制年度和行业固定效应时，过度自信的管理者与 Dev^a 的交叉项系数为 4.161，在 10% 的显著性水平下与偿还债务的概率呈正相关关系，再次验证了上章研究中的发现，即过度自信的管理者在高于目标资本结构时，会增加通过偿还有息负债进行资本结构向下调整的概率。PCM 与过度自信和主动偏离的交叉项系数为 -4.505，在 10% 的水平下显著为负，这说明，产品市场竞争的加剧与管理者过度自信通过偿还有息负债调整资本结构的概率呈显著正相关关系，具体来讲，PCM 越大，即产品市场竞争越弱，管理者过度自信通过减少有息负债进行资本结构向下调整的概率就会下降，而 PCM 越小，产品市场竞争越强时，管理者过度自信通过偿还债务实现调整的概率则会有所上升，这也解释了在激烈的产品市场竞争下，过度自信管理者向下调整资本结构的速度有所提高的实现路径。再次以均值公司（平均的 Dev^a 和 PCM）为例，过度自信的管理者减少有息负债的概率为 44.8% [(4.161 - 4.505 × 0.14) × 0.127]，而当 PCM 下降 1% 时，概率增加到 45.4% [(4.932 - 9.286 × 0.13) × 0.127]，即价格成本边际下降 1%，产品市场竞争加强，过度自信管理者所在公司偿还有息债务的概率上升 0.6%，具有显著的经济意义。再来看 Dev^a × PCM 的系

数为 -1.111，但并不显著，这表明发生资本结构偏离时，产品市场竞争的加剧会增加企业偿还有息负债的概率，但影响并不显著。此外，PCM 的系数为 0.701，与偿还有息负债在 5% 的显著性水平下呈相关关系，这表明在未发生偏离的情况下，产品市场竞争越弱，企业还贷能力越强。在对正权益融资的回归中，当未控制年度和行业固定效应时，过度自信与主动偏离的交叉项系数为正，但并不显著，而在控制年度和行业效应后，过度自信与主动偏离的交叉项系数变为负，却不显著，这说明在资本结构向上偏离时，过度自信的管理者对权益融资的调整方式未产生影响，这与之前的研究结论一致，过度自信的管理者更倾向于通过内源资金偿还有息债务的方式实现调整。

进一步来看产品市场竞争对二者关系的影响，$Dev^a \times Overcon \times PCM$ 的系数为 -1.484，但并不显著，说明在高于目标资本结构下，产品市场竞争并未改变过度自信管理者对正权益融资方式的选择。虽然描述性统计中发现在高强度的产品市场竞争中，企业进行正净权益融资的概率较低，但回归结果中却发现 $Dev^a \times PCM$ 的系数也不显著，说明在控制其他因素后，产品市场竞争也并未对企业选择正净权益融资产生影响。

从其他控制变量中可以发现，盈利能力较强的企业倾向于增发股票进行调整，而偿还债务的概率较低，企业规模较大、税盾较高以及产品市场竞争较弱的企业偿还债务的概率较高。以上回归结果在控制了行业与年度固定效应后，回归系数的方向和大小基本一致，表明以上结论不受年度和行业固定效应的干扰。通过以上的检验可以发现，产品市场竞争之所以加快了过度自信管理者所在企业资本结构向下调整的速度，主要是通过增加过度自信管理者偿还有息负债的概率而得以实现，从而揭示了产品市场竞争影响管理者过度自信所在公司向下调整速度的作用路径。

5.4 稳健性检验

5.4.1 重新定义产品市场竞争，对价格成本边际指标进行行业调整

Gaspar and Massa（2006）以及 Peress（2010）认为，一些与市场势力无关的原因可能导致不同行业间价格成本边际存在结构性差异，从而影响研究结果。鉴于此，本书采用了超额价格成本边际EPCM 重新定义产品市场竞争，并对以上结果进行了稳健性检验。EPCM 具体定义为 PCM 减去以行业销售收入为权重的加权平均营业利润边际。经过行业调整后的 PCM 更能直接反映每个企业在行业内所面临的竞争程度，并且实现了不同行业间企业竞争的可比性。与 PCM 相同，超额价格成本边际 EPCM 越高，代表该企业的市场定价能力越高，面临的市场竞争程度越低。本书利用重新定义的产品市场竞争对管理者过度自信与调整速度进行了再次检验。具体结果如表 5 - 5 所示。

表 5 - 5　EPCM、管理者过度自信与调整速度

	All	Under	Over
Dev^a	0.357*** (19.92)	0.381*** (26.31)	0.345*** (10.67)
$Overcon \times Dev^a$	-0.015 (-0.56)	-0.054* (-1.96)	0.008 (0.21)
$EPCM \times Overcon \times Dev^a$	-0.170* (-1.77)	0.055 (0.49)	-0.223** (-2.13)

续表

	All	Under	Over
EPCM × Dev^a	-0.003 (-0.06)	0.078 (1.10)	-0.008 (-0.13)
_cons	0.0034 *** (4.94)	0.0009 (0.45)	0.0017 (0.56)
N	1642	822	820
Adj. R^2	0.618	0.476	0.518

注：标准误差经公司层面的 cluster 调整计算得出，*、**、*** 分别代表在 10%、5% 和 1% 的水平下显著。

在全样本的回归中，EPCM 与过度自信以及主动偏离的交叉项系数为 -0.170，在 10% 的水平上显著为负。说明经过行业调整后的价格成本边际越高，即产品市场竞争越弱，过度自信管理者所在公司的整体调整速度越低。区分调整方向后，这一结论只在高于目标资本结构时成立。在高于目标资本结构时，EPCM × Overcon × Dev^a 的系数为 -0.223，在 5% 的水平下显著，这表明 EPCM 越大，产品市场竞争越弱，过度自信管理者对于企业的资本结构下调速度的负向影响越大。因此，经过行业调整后的产品市场竞争再次验证了本章的主要检验结果。

接下来，本书利用经过行业调整的产品市场竞争 EPCM 对管理者过度自信与调整方式的影响进行了再次检验，具体检验结果列示在表 5-6 中。

表 5-6　　EPCM、管理者过度自信与调整方式

	增加有息负债	负权益融资	减少有息负债	正权益融资
Dev^a	13.79 *** (6.89)	0.222 *** (3.10)	5.845 *** (3.94)	2.147 *** (3.41)

续表

	增加有息负债	负权益融资	减少有息负债	正权益融资
$Dev^a \times Overcon$	1.692 (0.43)	5.672** (2.50)	0.827** (2.25)	4.438 (1.61)
$Dev^a \times Overcon \times EPCM$	-23.90 (-0.94)	-28.16* (-1.74)	-22.26* (-1.86)	-52.90 (-1.15)
$Dev^a \times EPCM$	-35.15** (-2.07)	3.159 (0.18)	4.810 (0.18)	-5.339 (-0.83)
Over	0.181 (0.63)	-1.465*** (-3.71)	-0.333 (-1.41)	0.104 (0.55)
EPCM	-0.651 (-1.15)	0.663 (0.57)	0.643** (1.99)	-0.302 (-1.03)
EBIT_TA	2.471* (1.90)	2.493 (1.24)	-3.842*** (-4.09)	2.522*** (2.65)
MB	-0.0294 (-0.46)	0.0678 (0.68)	-0.0590 (-1.12)	-0.0408 (-0.77)
DEP_TA	1.216 (0.21)	1.067 (0.14)	9.560* (1.88)	-6.067 (-1.01)
LnTA	0.267*** (3.40)	0.192** (2.02)	0.138** (2.42)	-0.114* (-1.72)
FA_TA	1.021** (2.00)	-2.068*** (-2.62)	-0.716 (-1.37)	0.531 (0.92)
Indlev	0.624 (0.68)	2.789** (2.56)	0.493 (0.72)	0.317 (0.36)
Year and Industry	Yes	Yes	Yes	Yes
N	822	822	820	820
Pseudo R^2	0.310	0.143	0.217	0.120

注：标准误差经公司层面的 cluster 调整计算得出，*、**、*** 分别代表在 10%、5% 和 1% 的水平下显著。

由回归结果可知，$Dev^a \times Overcon \times EPCM$ 在负权益融资与减少有息负债回归中的系数分别为 -28.16 和 -22.26，均在 10% 的水平下显著，这表明，当 EPCM 越大，产品市场竞争越弱，过度自信管理者通过现金分红和偿还有息负债进行资本结构调整的概率越低。相反，EPCM 越小，产品市场竞争越强时，过度自信的管理者选择利用两种内源资金方式实现调整的概率越大。再次验证了前文的检验。

5.4.2　寻求其他衡量市场竞争差异的指标

产业组织文献和企业实践中常用所有企业市场份额的平方和（赫芬达尔—赫希曼指数 HHI，Hirschman，1945；Herfindahl，1950）作为衡量不同行业间竞争差异的指标。所有企业市场份额的平方和越小，表明企业间的实力相差不大，所在行业的产品市场竞争程度越高。文中采用的价格成本边际定义的是企业层面的竞争水平，主要衡量的是每一企业在行业内的市场势力，更直接反映出与同一行业内其他企业相比所面临的市场竞争压力。为了反映不同行业间市场竞争的差异，本书还计算了每个行业的 HHI 指数，它属于行业层面的竞争指标，具体结果如表 5-7 所示。

表 5-7　HHI、管理者过度自信与调整速度

Panel A	All	Under	Over
Dev^a	0.367*** (19.84)	0.385*** (22.21)	0.361*** (12.12)
$HHI \times Dev^a$	-0.0647 (-0.71)	-0.0118 (-0.14)	-0.111 (-0.70)

续表

Panel A	All	Under	Over
HHI × Overcon × Dev^a	-0.826 * (-1.85)	-0.324 (-0.88)	-1.869 ** (-2.30)
Overcon × Dev^a	0.0280 (0.56)	-0.00857 (-0.20)	0.123 (1.47)
_cons	0.0034 *** (5.26)	0.0007 (0.34)	0.0009 (0.30)
N	1642	822	820
Adj. R^2	0.616	0.472	0.517

注：标准误差经公司层面的 cluster 调整计算得出，*、**、*** 分别代表在 10%、5% 和 1% 的水平下显著。

如结果所示，可以发现在全样本中，HHI × Overcon × Dev^a 的系数为 -0.826，在 10% 的水平下显著，这表明企业所在行业的 HHI 值越大，行业竞争越弱，过度自信管理者对调整速度的负向影响越大，相反当 HHI 值下降，行业竞争加强时，过度自信管理者对调整速度的负向影响则会随之减少。区分调整方向后，HHI × Overcon × Dev^a 的系数在高于目标水平组为 -1.869，显著性水平和作用大小都高于全样本组，而在低于目标水平组时三者交叉项系数虽然为负，但不显著。由此利用 HHI 衡量的行业竞争进行回归的结果再次支持了产品市场竞争对管理者过度自信产生的修正作用，在产品市场竞争越强的行业，管理者过度自信降低调整速度的作用越少，并且主要作用于企业当前资本结构高于目标资本结构时向下调整的情况。

接下来，利用行业竞争 HHI 指标对产品市场竞争影响管理者过度自信选择调整方式进行稳健性检验，具体结果如表 5-8 所示。

表 5 - 8　　HHI、管理者过度自信与调整方式

Panel B	增加有息负债	负权益融资	减少有息负债	正权益融资
Dev^a	13.79*** (6.89)	0.222*** (3.10)	5.845*** (3.94)	2.147*** (3.41)
Dev^a × Overcon	1.692 (0.43)	5.672** (2.50)	0.827 (0.25)	4.438 (1.61)
Dev^a × Overcon × HHI	-23.90 (-0.94)	-28.16* (-1.74)	-22.26* (-1.86)	-52.90 (-1.15)
Dev^a × HHI	-35.15** (-2.07)	3.159 (0.18)	4.810 (0.18)	-5.339 (-0.83)
Overcon	0.142 (0.51)	-1.384*** (-3.26)	-0.117 (-0.50)	0.0910 (0.50)
HHI	5.247** (1.96)	3.036 (1.05)	4.556** (1.98)	-0.504 (-0.22)
EBIT_TA	2.051** (2.37)	3.961*** (2.73)	2.741*** (3.84)	2.161*** (3.43)
MB	-0.0861 (-1.27)	0.0359 (0.40)	-0.0927 (-1.47)	-0.0284 (-0.51)
DEP_TA	2.257 (0.37)	-0.827 (-0.11)	4.017 (0.73)	-7.835 (-1.36)
LnTA	0.252*** (3.26)	0.166* (1.78)	0.135** (2.33)	-0.113 (-1.63)
FA_TA	0.922* (1.80)	-1.727** (-2.35)	-0.247 (-0.46)	0.656 (1.17)
Indlev	-0.949 (-0.56)	3.667*** (2.83)	1.128 (1.13)	1.305 (0.74)
_cons	-6.709*** (-3.95)	-6.857*** (-3.35)	-8.797*** (-6.79)	-3.296** (-2.17)
Year and Industry	Yes	Yes	Yes	Yes
N	822	822	820	820
Pseudo R^2	0.310	0.143	0.217	0.120

注：标准误差经公司层面的 cluster 调整计算得出，*、**、*** 分别代表在 10%、5% 和 1% 的水平下显著。

从回归结果中可以发现，Dev^a 与四种调整方式的回归系数均在1%的水平下显著为正，$HHI \times Overcon \times Dev^a$ 的系数只有在对负权益融资和减少有息负债两列的回归中显著为负，显著性水平为10%，而在对增加有息负债和正净权益融资的回归中并不显著，说明HHI越小，产品市场竞争越强，过度自信管理者通过负权益融资和减少有息负债进行资本结构调整的概率越高。再次验证了产品市场竞争的加剧主要通过增加过度自信管理者利用内部资金实现调整的概率，进而影响了调整速度。在其他变量上则发现过度自信单独项与负权益融资呈显著负相关关系，说明在不存在资本结构主动偏离的情况下，过度自信的管理者不愿意发放现金股利，与前文的结果一致；而HHI指标则与两种债务方式存在显著正相关关系，即HHI指标越高，产品市场竞争越弱，企业增加有息负债的概率越高，同时偿还债务的概率也更高，这与企业在竞争较弱的市场环境下盈利能力相对较高有关。其他控制变量的回归结果与前文基本一致，息税前利润与四种调整方式呈显著正相关关系。企业规模与增加有息负债、发放现金股利以及偿还有息负债呈显著正相关关系；固定资产占比越高，企业获得有息负债的概率越高，从而减少了企业通过负权益融资实现调整的概率。此外，行业整体负债率越高，企业发放现金股利的概率越高，这可能由企业实现资本结构上调的意愿所致。可见，使用行业层面的竞争指标进行重新检验后，回归结果再次支持了先前的假设，增强了结果的稳健性。

5.4.3 重新设定模型

使用Logit模型再次检验，具体结果如表5-9所示。

表 5-9　产品市场竞争、管理者过度自信与调整方式的 Logit 回归

	增加有息负债	负权益融资	减少有息负债	正权益融资
Dev^a	17.80 *** (9.77)	6.873 *** (1.60)	7.957 *** (5.95)	2.785 *** (2.86)
Dev^a × Overcon	-3.228 (-0.69)	12.11 ** (2.32)	4.720 (1.40)	-1.089 (-0.59)
Dev^a × Overcon × PCM	7.045 (0.48)	-28.85 ** (-2.25)	-8.520 * (-1.83)	-1.228 (-0.30)
Dev^a × PCM	4.747 (1.60)	29.94 ** (2.56)	-4.275 * (-1.71)	1.035 (1.09)
Overcon	0.400 (0.82)	-2.983 ** (-2.38)	-0.323 (-0.62)	0.283 (0.86)
PCM	-0.578 (-1.33)	-1.057 ** (-2.05)	0.478 (1.62)	-0.0307 (-0.30)
EBIT_TA	1.899 (1.13)	4.259 ** (2.06)	-0.119 (-0.19)	-0.227 (-0.89)
MB	-0.00929 (-0.14)	-0.0732 (-0.32)	-0.162 (-1.44)	0.0439 (0.65)
DEP_TA	2.714 (0.29)	-2.711 (-0.16)	7.782 (0.82)	-11.76 (-1.25)
LnTA	0.456 *** (3.45)	0.321 (1.40)	0.143 (1.41)	-0.117 (-1.01)
FA_TA	1.660 * (1.96)	-3.910 ** (-2.44)	-0.257 (-0.29)	0.596 (0.62)
Indlev	0.716 (0.46)	1.526 (0.44)	-0.701 (-0.42)	0.852 (0.57)
_cons	-11.66 *** (-4.18)	-11.22 ** (-2.22)	-19.35 *** (-8.48)	-13.37 *** (-5.31)
Year and Industry	Yes	Yes	Yes	Yes
N	822	822	820	820
Pseudo R^2	0.309	0.191	0.220	0.197

注：括号内为聚类调整后的标准误差；*、**、*** 分别表示在 10%、5%、1% 水平下显著。

由回归结果可知，$Dev^a \times Overcon \times PCM$ 的系数在负权益融资与减少有息负债列分别为 -28.85 和 -8.520，显著性水平分别为 5%和 10%，而在增加有息负债列和正权益融资列不显著。再次验证了前文的结论，即管理者过度自信通过负权益融资和减少有息负债进行调整的可能性会随产品市场竞争的减弱而降低，产品市场竞争能够通过增加过度自信管理者对调整方式选择的概率而影响企业的调整速度。在其他控制变量上也基本与前文多种方式进行检验的结果一致，说明本书的研究结论在不同模型设定下依然稳健。

5.5 本章结论

已有文献主要强调了管理者过度自信对企业各项决策的负向影响，而很少关注如何缓解管理者自身认知偏差在企业决策中的作用。上章内容已经从公司内部治理的角度寻求了解决机制，本章从产品市场竞争的角度对这一问题进行了继续探讨。文中选取沪深两市 2002～2013 年间的全部 A 股上市公司检验产品市场竞争是否具有修正管理者过度自信的作用，具体从资本结构调整速度和调整方式两个角度入手，考察产品市场竞争是否缓解了过度自信的管理者对企业资本结构动态调整的不良影响，进而优化企业的资本结构动态决策。

研究结果表明：从调整速度来讲，管理者过度自信显著降低了资本结构调整速度，但产品市场竞争可以缓解管理者过度自信对调整速度的不良影响，即产品市场竞争越激烈，管理者过度自信对调整速度的负向影响越少。但进一步区分了调整方向后，这种影响只存在于高于目标水平的样本组，而在低于目标资本结构时不显著。这说明产品市场竞争对管理者过度自信的修正主要作用于高于目标资本结构组。可能的原因是，在高于目标资本结构时，如果企业偏离目标资本结构，在产品市场竞争中就会面临较高的破产风险，受到严厉的惩罚，而在低于目标资本结构时所面临的偏离成本较低。因而，在高于目标资本结构时，产品市场竞争可以向过度自信管理者传递强烈的信号，进而作用于调整速度。从检验结果来看，产品市场竞争的信息反馈作用确实有利于修正管理者过度自信的认知偏差，特别在高于目标资本结构时更有利于改善管理者过度自信的资本结构动态调整决策，提高企业的调整速度。从调整方式上来看，文中发现产品市场竞争显著提高了管理者过度自信通过负权益融资（现金分红）实现资本结构上调和减少有息负债实现资本结构下调的概率，进而揭示了产品市场竞争提高过度自信管理者所在企业调整速度的实现路径。但同时也说明了产品市场竞争能够改善管理者过度自信进行资本结构调整的意愿，但并没有改变管理者过度自信对内部融资方式实现调整的偏好和依赖。本书的研究证实了信息反馈在管理者修正个人认知偏差中发挥着重要作用，而增强产品市场竞争则是强化信息反馈的有效途径。该研究发现对于现实中企业如何缓解管理者过度自信，降低管理者个人心理偏差对企业决策的负向影响具有一定的借鉴意义。

第 6 章

研究结论与启示

本章对全文进行了总结，首先归纳理顺了本书主要的研究结论，然后结合产品市场竞争与管理者权力的实际情况，进一步解释和讨论了本书的研究结论。最后指出本书研究中存在的不足和局限性。

6.1 主要研究结论

资本结构是公司财务领域研究的核心问题，受到学者们最多的关注。近年来，动态权衡理论为企业资本结构特征提供了较为一致的解释，成为资本结构研究领域中的主流理论。本书在对管理者过度自信的心理特征进行充分认识和概括的基础上，将其引入动态权衡理论下，试图从调整成本与调整收益的角度出发构建分析管理者过度自信与资本结构动态调整的研究框架。这为全面认识管理者过度自信对企业决策的影响以及探寻资本结构动态调整的决定因素提供了可行之路。

本书主要研究了如下几个问题：管理者过度自信对资本结构的动态调整速度产生了怎样的影响？他们在调整方式的选择上有哪些

特征，即依赖于何种路径影响调整速度？进一步，为寻求缓解管理者过度自信对资本结构动态决策不良影响的解决机制，本书从企业内部出发，考察了当管理者权力得到监督和约束时，过度自信管理者对企业决策的不良影响是否能够缓解，进而优化资本结构动态决策。具体来讲，当管理者权力降低时，过度自信管理者对企业调整速度的负向影响是否降低，在调整方式的选择上又会产生哪些变化？此外，管理者过度自信的心理偏差是否能够得到修正也是本书研究的关键问题。产品市场竞争是企业必须面临和应对的重要外部环境，那么来自市场竞争的反馈是否有助于过度自信管理者从中学习，进而修正个人的主观认知偏差，最终优化企业的资本结构动态决策呢？这些问题之间并不是相互独立的，而是存在着紧密联系，并且具有层层递进的逻辑关系。本书从沪深两市 2002 ~ 2013 年间的全部 A 股上市公司中选取公布盈利预测的样本，用以检验以上几个研究问题，并得到了如下结论：

（1）过度自信的管理者由于高估了企业外部融资成本，低估了企业的破产风险，因而会高估资本结构的调整成本，低估调整收益，最终导致企业的动态调整速度下降。当区分调整方向后发现过度自信的管理者对企业资本结构向上调整和向下调整的速度都产生了负向影响。进一步考察内在机理发现，过度自信的管理者可以影响企业的调整方式，最终影响企业的资本结构调整速度。当资本结构低于目标水平时，过度自信的管理者更倾向于通过负权益融资的方式实现资本结构的上调，而在高于目标资本结构时，过度自信的管理者更倾向于通过偿还有息负债的方式进行上调。由此可知，过度自信的管理者过于依赖内部融资进行调整，而不愿意通过外部融资方式，因为过度自信的管理者始终认为外部投资者低估了企业价值，债务融资成本和权益融资成本偏高。这就对企业的内部现金流状况和盈利能力提出了较高要求，当企业没有充足的内部资金时，过度自信的管理者很难愿意通过外部融资方式对资本结构进行调整，进而降低了资本结构的调整速度。此外，为了增进结果的稳健性，本书采用了管理者过度自信的其他替代变量，控制管理者的性别与年龄，重新对模型设定三种方式对以上问题进行了重新检验，结果依然证实了以上的研究结论。

（2）限制管理者权力可以降低过度自信管理者对资本结构决策的影响力，缓解个人认知偏差对企业决策的扭曲。具体来讲，在管理者权力型企业，过度自信的管理者对调整速度的负向影响更大；相反，当管理者权力得到监督和约束时，过度自信管理者对调整速度的负向影响有所降低，但以上作用只在高于目标资本结构时显著，而在低于目标资本结构时并不显著；同时，管理者权力越小，过度自信管理者对企业向下调整速度的影响越小。这是由资本结构调整收益的不对称性所造成，在高于目标资本结构时，如果企业不能及时降低负债水平，会直接面临破产清算风险，在管理者权力得到制衡时，董事会可以发挥完善资本结构决策的积极作用，加快向下调整速度。而一旦管理者权力过高，过度自信的管理者就可以凌驾于董事会之上，直接左右企业决策，企业的下调速度难以得到提高。进一步对调整方式的检验发现，在高于目标资本结构时，如果管理者权力得到监督和约束时，则会增加过度自信管理者所在企业偿还有息负债的概率，从而揭示了管理者权力影响过度自信管理者所在企业资本结构调整速度的作用路径。文中为了缓解内生性问题的影响，还进一步选取了经理人发生变更的样本，对经理人变更前后管理者过度自信对资本结构动态决策的影响以及管理者权力对二者关系的影响进行了检验，结果再次支持了以上结论。此外，在分别替换管理者权力变量、控制企业性质以及重新设定模型后，稳健性检验结果再次支持了上述结论。

（3）产品市场竞争越激烈，管理者过度自信对资本结构调整速度的负向作用越有可能得到修正，但仅在高于目标资本结构时显著，而在低于目标资本结构时并不成立。这是由于激烈的产品市场竞争可以向过度自信的管理者及时反馈信息，特别是在高于目标资本结构时，来自市场的竞争压力更大，企业面临破产清算的可能性增加，因而更有可能向管理者传递强烈的市场信号，从而为过度自信的管理者修正个人认知偏差提供条件，加快下调的速度。在低于目标水平时，虽然激烈的产品市场竞争也可以向管理者传递来自市场的信息，但由于信号的强度较弱，并没有改变过度自信管理者对调整速度的影响。从调整方式上来讲，产品市场竞争的增强促使过度自信的管理者在资本结构偏离时选择内源资金方式实现调整的概率加大。具体来说，产品市场竞争越激烈，过度自信的管理者在高于目标资本结构时通过偿还有息负债进行调整的概率加大，而在低于目标资本结构时进行负权益融资即现金分红的概率也随之增加。在稳健性检验中发现，在对竞争指标进行行业调整或采用其他行业竞争指标后，以上结论依然成立。

6.2　研究启示

本书的研究表明管理者过度自信的现象在中国上市公司中确实存在。过度自信的管理者作为企业经营决策的代理人，其拥有的决策权足以对企业的资本结构动态决策产生显著的影响。同时，管理者的个人偏好不仅会体现在中国上市公司的资本结构静态水平上，而且是企业资本结构动态调整的重要决定因素。在调整效果上主要体现为过度自信管理者所在公司的调整速度减慢，不论是向上调整还是向下调整皆是如此。在调整过程中，过度自信的管理者与理性管理者的主要差别在于更依赖于内部资金实现资本结构的调整。区分调整方向后，在低于目标资本结构时，其更愿意通过现金分红的方式实现上调，而不愿增加有息负债；在高于目标资本结构时，其更倾向于通过偿还有息负债的方式，而不愿进入资本市场进行股权再融资。因为不论是债务融资还是股权融资，都依赖于外部投资者对企业的评价，而他们的评价往往要低于过度自信管理者的预期，造成过度自信的管理者对外部调整方式的成本评估过高。但是，在现实情况下，资本市场中往往存在市场择时的机会，当外部投资者高估企业价值时就会为企业提供了以低成本进行资本结构调整的机会。尤其中国的股市属于半强势有效市场，管理者个人往往拥有更强的信息优势，理性的管理者则可以利用资本市场对企业价值高估的契机加快资本结构调整，获得更高的调整净收益。相比之下，过度自信的管理者由于个人的主观认知偏差使企业错失了以低成本实现资本结构调整的机会，降低了企业的资本结构动态决策效率。同时，文中还发现，管理者过度自信的程度越强，对资本结构动态决策的负向影响越大，二者呈显著正相关关系。由此可见，管理者过度自信的心理偏差是研究企业资本结构动态决策中不容忽视的关键因素，管理者一旦存在过度自信的心理倾向，就会对企业的资本结构动态调整带来严重影响，并造成企业价值的损失。因此，在企业人力资源实践中，董事会对管理者的任命需格外关注心理特征，在高管晋升之前对个人主观认知偏差进行科学、全面的测评，严格评估其对各项企业决策的综合影响，尽量避免管理者由于个人心理偏差造成企业重要决策的扭曲。

管理者做出的公司决策需要董事会进一步定夺，否则一旦管理者凌驾于董事会之上，就会利用个人拥有的过高权力左右企业各项决策，进而谋取私人利益。本书认为强化企业对管理者的监督和约束，限制管理者拥有的权力影响，不仅是降低股东与经理人之间代理冲突的重要内部机制，而且还能够降低经理人心理偏差对企业产生的行为成本。行为成本是管理者由于认知偏差影响企业决策而产生的价值损失。因此，当管理者存在过度自信的心理倾向而造成资本结构动态决策扭曲时，就会产生行为成本。在这种情况下，就企业自身而言，最为关键的是限制管理者对企业决策的最终话语权，削弱过度自信管理者对资本结构动态调整的影响力。如果管理者拥有较高的决策权，过度自信的管理者就会通过权力影响董事会决议，其个人意愿在企业各项决策的定夺中必然有所体现，企业的资本结构动态调整也不例外。因此，为了防止过度自信的管理者在企业决策中产生不良影响，行之有效的方法就是削弱管理者在企业中的决策权，发挥董事会对企业决策的监督作用，及时优化企业决策，满足股东价值最大化的目标。值得注意的是，限制管理者权力对过度自信管理者所在公司调整速度的改善作用只有在高于目标资本结构时才会发挥作用，而在低于目标资本结构时并未产生效果，进一步从调整方式也可以看出只有在高于目标资本结构时，限制管理者权力可以加快过度自信管理者所在企业通过偿还有息负债进行调整的概率，而在低于目标资本结构时，并未增加过度自信管理者所在企业选择两种向上调整方式的概率。这与董事会对监督成本和收益的权衡有关，高于目标资本结构时进行调整的收益较大。这说明，通过削弱管理者拥有的权力进而降低过度自信管理者对资本结构动态决策的不良影响存在一定的局限性，在不同的资本结构偏离方向下影响不同，该种方法只适用于资本结构向上偏离目标水平时，而在低于目标资本结构时并不适用。

最后，管理者过度自信的认知偏差可以得到修正，但要依赖于准确、及时的信息反馈。产品市场竞争可以加快和强化市场业绩信号的传递，为管理者提供可比信息以及从市场环境中自我学习的条件。产品市场作为企业经营活动发生的重要场所，企业只有在市场竞争中保持较为领先的地位，才能从中获取利润，为股东创造价值。在激烈的产品市场竞争环境下，企业是否能够做出正确的决策格外重要，一旦决策失败，企业就会面临被市场淘汰的风险，因此产品市场也成为检验企业决策是否正确的重要场景，并且竞争越激烈，市场业绩对企业决策的反馈越准确、迅速。同时，企业因决策失误而受到的惩罚也会随市场竞争程度的加强而增加，管理者的薪酬福利也会随之大幅度下降。因此，管理者不得不听从于市场，并在竞争中不断学习。本书的研究表明，过度自信管理者在产品市场竞争激烈的环境下，对资本结构调整速度的负向影响确实有所下降，但仅在高于目标资本结构时效果明显，而在低于目标资本结构时并不显著。这说明产品市场竞争是否会促使过度自信的管理者修正主观认知偏差进而加快资本结构调整速度，与传递信号的强度密切相关。在低于目标资本结构时，企业由于维持了较低的负债水平，保证了企业的财务安全，所以即使产品市场竞争加强，也难以向企业传递强度较大的市场信号，进而在促使过度自信管理者提高负债水平上的作用效果有限。但是，从调整方式上可以发现，在低于目标资本结构时，产品市场竞争的加强增加了过度自信管理者所在企业进行现金分红的概率，可见产品市场竞争改变了过度自信管理者进行资本结构上调的意愿，但在最终调整速度上并没有显著的效应。而在高于目标资本结构时，产品市场竞争增加了过度自信管理者偿还有息负债的概率，并且具有显著的调整效果，加快了企业进行资本结构向下调整的速度。尽管如此，产品市场竞争虽然增加了过度自信管理者进行资本结构调整的意愿，尤其在高于目标资本结构时修正了过度自信管理者对财务风险的低估，进而加快了企业的下调速度，但是过度自信管理者在调整方式上的偏好并没有得到纠正，他们仍然偏向于采用内部资金实现调整，而忽略对外部融资方式的使用。

6.3　研究的局限性

本书在对管理者过度自信与资本结构动态调整的研究中存在如下几点不足：

首先，管理者过度自信的衡量指标存在不足。虽然本书基于我国制度背景和上市公司实际情况选择了目前最常用也是争议最少的方法——乐观的盈利预测对管理者过度自信进行了衡量，并采用管理者相对薪酬的方法进行了稳健性检验。但在衡量方法上仍然存在不足。一方面，乐观的盈利预测无法具体到管理者个人，而只能具体到特定年度特定上市公司包含董事长和经理人在内的高管团队，但相比较于消费者情绪指数以及企业景气指数而言，乐观的盈利预测由于能衡量到企业个体层面，已经是很大的改进。另一方面，该种衡量方法也无法排除促使企业出具乐观盈利预测的所有影响因素。尽管文中排除了一些其他可能导致企业出具乐观盈利预测的因素，例如下年度有再融资计划以及利用盈利预测操纵股价的违规行为等，但是并不能保证控制了所有噪音干扰。因此，对于管理者过度自信的衡量方法未来还值得进一步的探寻和改进，这也是该领域研究中亟待解决的重要问题。

其次，在资本结构动态调整计量方法上存在不足。对动态权衡理论检验的关键是如何准确估算目标资本结构和调整速度，这是困扰该领域的一大技术难题。尽管已有学者构建了局部调整方程并尝试多种计量模型对目标资本结构和调整速度进行了估算和对比，但每种计量模型均存在或多或少的缺陷，在适用范围上具有局限性。本书结合中国实际情况对已有方法进行了修正，并对现有文献采用的多种方法进行了比较分析，最终采用了目前文献中被认为最为准确的 LSDVC 进行了检验。但今后在对资本结构动态调整行为的研究中，关于如何准确估计目标资本结构和调整速度依然存在较大的改进空间，这也依赖于相关计量技术的发展。

最后，处理内生性问题时样本数据量较小。本书在处理内生性问题时进一步选取了 CEO 发生变更的样本，同时为了考察资本结构动态调整在变更前后的变化，文中只保留了变更前后各两年的连续观测值，这导致样本量大幅度降低，因此无法为研究结论提供大样本支持，可能存在计量偏差，从而无法检验出在大样本中可能显著存在的现象，最终影响了结论的可靠性。

参考文献

1. 陈冬华、陈信元、万华林，2005：《国有企业中的薪酬管制与在职消费》，《经济研究》第02期。

2. 邓建平、曾勇，2011：《金融关联能否缓解民营企业的融资约束》，《金融研究》第08期。

3. 郝颖、刘星、林朝南，2005：《我国上市公司高管人员过度自信与投资决策的实证研究》，《中国管理科学》第05期。

4. 黄莲琴、傅元略，2010：《管理者过度自信与公司融资策略的选择》，《福州大学学报（哲学社会科学版）》第04期。

5. 江伟，2010：《管理者过度自信，融资偏好与公司投资》，《财贸研究》第01期。

6. 江伟、黎文靖，2009：《董事会独立性、管理者过度自信与资本结构决策》，《山西财经大学学报》第09期。

7. 姜付秀、黄继承，2011：《市场化进程与资本结构动态调整》，《管理世界》第03期。

8. 姜付秀、黄继承，2013：《CEO财务经历与资本结构决策》，《会计研究》第05期。

9. 姜付秀、屈耀辉、陆正飞、李焰，2008：《产品市场竞争与资本结构动态调整》，《经济研究》第04期。

10. 姜付秀、张敏、陆正飞、陈才东，2009：《管理者过度自信、企业扩张与财务困境》，《经济研究》第01期。

11. 李心丹，2004：《行为金融学：理论及中国的证据》第1

版，上海：上海三联书店。

12. 李增泉，2002：《国家控股与公司治理的有效性》，上海财经大学博士论文。

13. 连玉君、钟经樊，2007：《中国上市公司资本结构动态调整机制研究》，《南方经济》第01期。

14. 刘力，2007：《信念、偏好与行为金融学》，北京：北京大学出版社。

15. 卢锐、魏明海、黎文靖，2008：《管理层权力、在职消费与产权效率——来自中国上市公司的证据》，《南开管理评论》第05期。

16. 吕长江、赵宇恒，2007：《国有企业管理者激励效应研究——基于管理者权力的解释》，《管理世界》第11期。

17. 陆正飞，2005：《中国上市公司融资行为与融资结构研究》，北京：北京大学出版社。

18. ［美］露西·阿科特、［美］理查德·迪弗斯，2010：《行为金融学：心理、决策与市场》，北京：清华大学出版社。

19. 权小锋、吴世农，2010：《CEO权力强度、信息披露质量与公司业绩的波动性——基于深交所上市公司的实证研究》，《南开管理评论》第04期。

20. 谭云清、朱荣林，2007：《产品市场竞争、监督与公司治理的有效性》，《上海交通大学学报》第07期。

21. 王霞、张敏、于富生，2008：《管理者过度自信与企业投资行为异化——来自我国证券市场的经验证据》，《南开管理评论》第02期。

22. 王烨、叶玲、盛明泉，2012：《管理层权力、机会主义动机与股权激励计划设计》，《会计研究》第10期。

23. 吴超鹏、吴世农、郑方镳，2008：《管理者行为与连续并购绩效的理论与实证研究》,《管理世界》第07期。

24. 叶蓓、袁建国,2008:《管理者信心、企业投资与企业价值:基于我国上市公司的经验证据》,《中国软科学》第02期。

25. 于蔚、金祥荣、钱彦敏,2012:《宏观冲击、融资约束与公司资本结构动态调整》,《世界经济》第03期。

26. 余明桂、夏新平、邹振松,2006:《管理者过度自信与企业激进负债行为》,《管理世界》第08期。

27. 张峻极,2010:《资本结构与公司行为》,北京:中国财政经济出版社。

28. 周仁俊、高开娟,2012:《大股东控制权对股权激励效果的影响》,《会计研究》第05期。

29. Aghion P., Dewatripont M. and Rey P., 1999, "Competition, Financial Discipline and Growth", Review of Economic Studies 66 (4): 825-852.

30. Ahmed A. S. and Dullman S., 2013, "Managerial Overconfidence and Accounting Conservatism", Journal of Accounting Research 51 (1): 1-30.

31. Aktas N., de Bodt E. and Roll R., 2009, "Learning, Hubris and Corporate Serial Acquisitions", Journal of Corporate Finance 15 (5): 543-561.

32. Antoniou A., Guney Y. and Paudyal K., 2002, "Determinants of Corporate Capital Structure: Evidence from European Countries", Working Paper.

33. Baggs J and De Bettignies J E., 2007, "Product Market Competition and Agency Costs", The Journal of Industrial Economics, 2007, 55 (2): 289-323.

34. Baker M. and Wurgler J., 2002, "Market Timing and Capital

Structure", The Journal of Finance 57 (1): 1 – 32.

35. Baltagi B. H. , Econometric Analysis of Panel Data, John Wiley & Sons, 2008.

36. Barber B. M. and Odean T. , 2001, "Boys will be Boys: Gender, Overconfidence and Common Stock Investment", The Quarterly Journal of Economics 116 (1): 261 – 292.

37. Barros L A B C. and Da Silveira A D M. , 2008, "Overconfidence, Managerial Optimism, and the Determinants of Capital Structure", Working Paper.

38. Bebchuk L. A. , Fried J. M. and Walker D. I. , 2002, "Managerial Power and Rent Extraction in the Design of Executive Compensation", The University of Chicago Law Review 69 (3): 751 – 846.

39. Ben – David I. , Graham J. R. and Harvey C. R. , 2007, "Managerial Overconfidence and Corporate Policies", Working Paper.

40. Bernardo A. E. and Welch I. , 2001, "On the Evolution of Overconfidence and Entrepreneurs", Journal of Economics Management Strategy 10 (3): 301 – 330.

41. Bertrand M. and Mullainathan S. , 2001, "Are CEOs Rewarded for Luck? The Ones without Principals Are", The Quarterly Journal of Economics 116 (3): 901 – 932.

42. Bertrand M. and Schoar A. , 2003, "Managing with Style: The Effect of Managers on Firm Policies", The Quarterly Journal of Economics 118 (4): 1169 – 1208.

43. Blundell R. and Bond S. , 1998, "Initial Conditions and Moment Restrictions in Dynamic Panel Data Models", Journal of Econometrics 87 (1): 115 – 143.

44. Burg V, Scheinert T. and Streitz D. , 2012, "Corporate Pay-

out Policy and Managerial Overconfidence" . Working Paper.

45. Brown R. and Sarma N. , 2007, "CEO Overconfidence, CEO Dominance and Corporate Acquisitions", Journal of Economics and Business 59 (5): 358 -379.

46. Bruno G. S. F. , 2005, "Approximating The Bias of The LSDV Estimator for Dynamic Unbalanced Panel Data Models", Economics Letters 87 (3): 361 -366.

47. Byoun S. , 2008, "How and When Do Firms Adjust Their Capital Structures toward Targets?", The Journal of Finance 63 (6): 3069 -3096.

48. Camerer C. and Lovallo D. , 1999, "Overconfidence and Excess Entry: An Experimental Approach", American Economic Review 89 (1): 306 -318.

49. Cheng S. , 2005, "Managerial Entrenchment and Loss - Shielding in Executive Compensation", University of Michigan Working Paper.

50. Cook D. O. and Tang T. , 2010, "Macroeconomic Conditions and Capital Structure Adjustment Speed", Journal of Corporate Finance 16 (1): 73 -87.

51. De Bondt W F M and Thaler R H. , 1994, "Financial Decision - Making in Markets and Firms: A Behavioral Perspective", Working Paper.

52. De Miguel A. and Pindado J. , 2001, "Determinants of Capital Structure: New Evidence from Spanish Panel Data", Journal of Corporate Finance 7 (1): 77 -99.

53. DeAngelo H. , DeAngelo L. and Whited T. M. , 2011, "Capital Structure Dynamics and Transitory Debt", Journal of Financial Eco-

nomics 99 (2): 235 -261.

54. Deshmukh S., Goel A. M. and Howe K. M., 2013, "CEO Overconfidence and Dividend Policy", Journal of Financial Intermediation 22 (3): 440 -463.

55. Doukas J. A. and Petmezas D., 2007, "Acquisitions, Overconfident Managers and Self-attribution Bias", European Financial Management 13 (3): 531 -577.

56. Drobetz W., Pensa P. and Wanzenried G., 2007, "Firm Characteristics, Economic Conditions and Capital Structure Adjustments", Working Paper.

57. Drobetz W. and Wanzenried G., 2006, "What Determines The Speed of Adjustment to The Target Capital Structure?", Applied Financial Economics 16 (13): 941 -958.

58. Dudley E., 2012, "Capital Structure and Large Investment Projects", Journal of Corporate Finance 18 (5): 1168 -1192.

59. Einhorn H J., 1980, "Overconfidence in Judgement", New Directions for Methodology of Social and Behavioral Science 4 (1): 1 -16.

60. Fairchild R., 2005, "The Effect of Managerial Overconfidence, Asymmetric Information, and Moral Hazard on Capital Structure Decisions", Working Paper.

61. Fama E. F., 2002, "Testing Trade - Off and Pecking Order Predictions About Dividends and Debt", Review of Financial Studies 15 (1): 1 -33.

62. Faulkender M., 2005, "Does the Source of Capital Affect Capital Structure?", Review of Financial Studies 19 (1): 45 -79.

63. Faulkender M., Flannery M. J., Hankins K. W. and Smith

J. M., 2012, "Cash Flows and Leverage Adjustments", Journal of Financial Economics 103 (3): 632 –646.

64. Finkelstein S., 1992, "Power in Top Management Teams: Dimensions, Measure ment, and Validation", Academy of Management Journal, 35 (3): 505 –538.

65. Finkelstein S. and. Boyd B K., 1998, "How Much Does the CEO Matter? The Role of Managerial Discretion in the Setting of CEO Compensation", The Academy of Management Journal, 41 (2): 179 –199.

66. Fischer E. O., Heinkel R. and Zechner J., 1989, "Dynamic Capital Structure Choice: Theory and Tests", Journal of Finance 44 (1): 19 –40.

67. Flannery M. J. and Hankins K. W., 2013, "Estimating Dynamic Panel Models in Corporate Finance", Journal of Corporate Finance 19 (1): 1 –19.

68. Flannery M. J. and Rangan K. P., 2006, "Partial Adjustment toward Target Capital Structures", Journal of Financial Economics 79 (3): 469 –506.

69. Frank J. D., 1935, "Some Psychological Determinants of the Level of Aspiration", The American Journal of Psychology 47 (2): 285 –293.

70. Frank M. Z. and Goyal V. K., 2008, "Trade-off and Pecking Order Theories of Debt", Working Paper.

71. Frank M. Z. and Goyal V. K., 2009, "Capital Structure Decisions: Which Factors Are Reliably Important?", Financial management 38 (1): 1 –37.

72. Gaspar J. and. Massa M., 2004, "Idiosyncratic Volatility and

Product Market Competition", Working Paper.

73. Gervais S., Heaton J. B. and Odean T., 2011, "Overconfidence, Compensation Contract, and Capital Budgeting", The Journal of Finance 66 (5): 1735 - 1777.

74. Glaser M, Schäfers P and Weber M., 2008, "Managerial Optimism and Corporate Investment: Is The CEO Alone Responsible for The Relation?", Working Paper.

75. Goel A. M. and Thakor A. V., 2008, "Overconfidence, CEO Selection, and Corporate Governance", The Journal of Finance 63 (6): 2737 - 2784.

76. Gombola M. and Marciukaityte D., 2007, "Managerial Overoptimism and the Choice between Debt and Equity Financing", Journal of Behavioral Finance 8 (4): 225 - 235.

77. Graham J. R., 2000, "How Big Are the Tax Benefits of Debt?", The Journal of Finance 55 (5): 1901 - 1941.

78. Graham J. R. and Harvey C. R., 2001, "The Theory and Practice of Corporate Finance: Evidence from the Field", Journal of Financial Economics 60 (2): 87 - 243.

79. Graham J. R., Harvey C. R. and Puri M., 2013, "Managerial Attitudes and Corporate Actions", Journal of Financial Economics 109 (1): 103 - 121.

80. Griffin D and Tversky A., 1992, "The Weighing of Evidence and the Determinants of Confidence", Cognitive psychology, 1992, 24 (3): 411 - 435.

81. Grinstein Y and Hribar P., 2004, "CEO Compensation and Incentives: Evidence from M&A Bonuses", Journal of Financial Economics 73 (1): 119 - 143.

82. Hackbarth D., 2008, "Managerial Traits and Capital Structure Decisions", Journal of Financial and Quantitative Analysis 43 (04): 843 - 881.

83. Hackbarth D., 2009, "Determinants of Corporate Borrowing: A Behavioral Perspective", Journal of Corporate Finance 15 (4): 389 - 411.

84. Hackbarth D., Miao J. and Morellec E., 2006, "Capital Structure, Credit Risk, and Macroeconomic Conditions", Journal of Financial Economics 82 (3): 519 - 550.

85. Hayward M L A and Hambrick D C., 1997, "Explaining the Premium Paid for Large Acquisitions: Evidence of CEO Hubris", Administrative Science Quarterly 42 (1): 103 - 127.

86. Heaton J. B., 2002, "Managerial Optimism and Corporate Finance", Financial Management 31 (2): 33 - 45.

87. Hennessy C. A. and Whited T. M., 2005, "Debt Dynamics", The Journal of Finance 60 (3): 1129 - 1165.

88. Hennessy C. A. and Whited T. M., 2007, "How Costly Is External Financing? Evidence from a Structural Estimation", The Journal of Finance 62 (4): 1705 - 1745.

89. Herfindahl O., 1950, "Concentration in the Steel Industry", Columbia University Working Paper.

90. Heshmati A., 2002, "The Dynamics of Capital Structure: Evidence from Swedish Micro and Small Firms", 199 - 241.

91. Hirschman A. O., 1945, "National Power and the Structure of International Trade", Berkeley: University of California Press.

92. Hirshleifer D., LOW A. and TEOH S. H., 2012, "Are Overconfident CEOs Better Innovators?", The Journal of Finance 67 (4):

1457 - 1498.

93. Holderness C. G. and Sheehan D P. , 1988, "The Role of Majority Shareholders in Publicly Held Corporations: An Exploratory Analysis", Journal of Financial Economics 20: 317 - 346.

94. Holmstrom B. , 1982, "Moral Hazard in Teams", The Bell Journal of Economics 13 (2): 324 - 340.

95. Hovakimian A. , Opler T. and Titman S. , 2001, "The Debt - Equity Choice", The Journal of Financial and Quantitative Analysis 36 (1): 1 - 24.

96. Hribar P and Yang H. , 2006, "CEO Confidence, Management Earnings Forecasts, and Earnings Management" . Working Paper.

97. Hu A. and Kumar P. , 2004, "Managerial Entrenchment and Payout Policy", Journal of Financial and Quantitative Analysis 39 (04): 759 - 790.

98. Huang J. and Kisgen D. J. , 2013, "Gender and Corporate Finance: Are Male Executives Overconfident Relative to Female Executives?", Journal of Financial Economics 108 (3): 822 - 839.

99. Huang R. and Ritter J. R. , 2009, "Testing Theories of Capital Structure and Estimating the Speed of Adjustment", Journal of Financial and Quantitative Analysis 44 (2): 237 - 271.

100. Jalilvand A. and. Harris. R. , 1984, "Corporate Behavior in Adjusting to Capital Structure and Dividend Targets: An Econometric Study", The Journal of Finance 39 (1): 127 - 145.

101. Ju N. , Parrino R. , Poteshman A. M. and Weisbach M. S. , 2005, "Horses and Rabbits? Trade - Off Theory and Optimal Capital Structure", Journal of Financial and Quantitative Analysis 40 (2): 259 - 281.

102. Kane A., 1984, "How Big Is The Tax Advantage to Debt?", The Journal of Finance 39 (3): 841 – 853.

103. Kau J. B., Linck J. S. and Rubin P. H., 2008, "Do Managers Listen to The Market?", Journal of Corporate Finance 14 (4): 347 – 362.

104. Kayhan A. and Titman S., 2007, "Firms' Histories and Their Capital Structures", Journal of Financial Economics 83 (1): 1 – 32.

105. Kiviet J. F., 1995, "On Bias, Inconsistency, and Efficiency of Various Estimators in Dynamic Panel Data Models", Journal of Econometrics 68 (1): 53 – 78.

106. Korajczyk R. A. and Levy A., 2003, "Capital Structure Choice: Macroeconomic Conditions and Financial Constraints", Journal of Financial Economics 68 (1): 75 – 109.

107. Korteweg A., 2010, "The Net Benefits to Leverage", The Journal of Finance 65 (6): 2137 – 2170.

108. Kunda Z., 1987, "Motivated Inference: Self – Serving Generation and Evaluation of Causal Theories.", Journal of Personality and Social Psychology 53 (4): 636 – 647.

109. La Porta R., 1999, "The Quality of Government", Journal of Law, Economics, and Organization 15 (1): 222 – 279.

110. Landier A. and Thesmar D., 2008, "Financial Contracting with Optimistic Entrepreneurs", Review of Financial Studies 22 (1): 117 – 150.

111. Langer E. J., 1975, "The Illusion of Control.", Journal of Personality and Social Psychology 32 (2): 311 – 328.

112. Larwood L. and Whittaker W., 1977, "Managerial Myopia: Self – Serving Biases in Organizational Planning.", Journal of Applied

Psychology 62 (2): 194 - 198.

113. Leary M. T. and Roberts M. R., 2005, "Do Firms Rebalance Their Capital Structures?", The Journal of Finance 60 (6): 2575 - 2619.

114. Lemmon M. L., Roberts M. R. and Zender J. F., 2008, "Back to the Beginning: Persistence and the Cross - Section of Corporate Capital Structure", The Journal of Finance 63 (4): 1575 - 1608.

115. Lerner A. P., 1934, "The Concept of Monopoly snd The Measurement of Monopoly Power", Review of Economic Studies 1: 157 - 175.

116. Lin Y., Hu S. and Chen M., 2005, "Managerial Optimism and Corporate Investment: Some Empirical Evidence from Taiwan", Pacific - Basin Finance Journal 13 (5): 523 - 546.

117. Lin Y., Hu S. and Chen M., 2008, "Testing Pecking Order Prediction from the Viewpoint of Managerial Optimism: Some Empirical Evidence from Taiwan", Pacific - Basin Finance Journal 16 (1 - 2): 160 - 181.

118. Liu Y, Taffler R, and John K., 2009, "CEO Value Destruction in M&A Deals and Beyond". Working Paper.

119. Lockhart G. B. and Flannery M., 2010, "Adjusting to Target Capital Structure: The Effect of Credit Lines". Working Paper.

120. Lööf H., 2004, "Dynamic Optimal Capital Structure and Technical Change", Structural Change and Economic Dynamics 15 (4): 449 - 468.

121. Luo Y., 2005, "Do Insider Learn from Outsiders?: Evidence from Mergers and Acquisitions", The Journal of Finance 60 (4):

1951 – 1982.

122. Malmendier U. and Tate G. , 2008, "Who Makes Acquisitions? CEO Overconfidence and the Market's Reaction", Journal of Financial Economics 89 (1): 20 – 43.

123. Malmendier U. and Tate G. , 2005, "CEO Overconfidence and Corporate Investment", The Journal of Finance 60 (6): 2661 – 2700.

124. Malmendier U, Tate Gand Yan J. , 2011, "Overconfidence and Early – Life Experiences: The Effect of Managerial Traits on Corporate Financial Policies", The Journal of Finance 66 (5): 1687 – 1733.

125. March J. G. , 1966, "The Power of Power", Varieties of Political Theory, 39 – 70.

126. McClelland A. G. R. and Bolger F. , 1994, "The Calibration of Subjective Probability: Theories and Models 1980 – 1994. ", Working Paper.

127. Miller D. T. and Ross M. , 1975, "Self-serving Biases in The Attribution of Causality: Fact or Fiction?", Psychological Bulletin 82 (2): 213 – 225.

128. Moore D. A. and Kim T. G. , 2003, "Myopic Social Prediction and the Solo Comparison Effect. ", Journal of Personality and Social Psychology 85 (6): 1121 – 1135.

129. Morellec E. , Nikolov B. and Schurhoff N. , 2012, "Corporate Governance and Capital Structure Dynamics", The Journal of Finance 67 (3): 803 – 848.

130. Morse A. , Nanda V. and Seru A. , 2011, "Are Incentive Contracts Rigged by Powerful CEOs?", The Journal of Finance 66 (5):

1779 – 1821.

131. Myers S. C., 1984, "The Capital Structure Puzzle", The Journal of Finance 39 (3): 575 – 592.

132. Myers S. C. and Majluf N S., 1984, "Corporate Financing and Investment Decisions When Firms Have Information That Investors Do Not Have", Journal of Financial Economics 13 (2): 187 – 221.

133. Nalebuff B. J. and. Stiglitz J. E., 1983, "Information, Competition, and Markets", The American Economic Review 73 (2): 278 – 283.

134. Oliver B., 2005, "The Impact of Management Confidence on Capital Structure", Working Paper.

135. Öztekin Ö and Flannery M J., 2011, "Institutional Determinants of Capital Structure Adjustment Speeds", Journal of Financial Economics 103 (1): 88 – 112.

136. Peng L. and Xiong W., 2006, "Investor Attention, Overconfidence and Category Learning", Journal of Financial Economics 80 (3): 563 – 602.

137. Peress J., 2010, "Product Market Competition, Insider Tradings, and Stock Market Efficiency", The Journal of Finance 65 (1): 1 – 43.

138. Pittman J. A. and. Klasson K. J., 2001, "The Influence of Firm Maturation on Firms' Rate of Adjustment to Their Optimal Capital Structures", The Journal of the American Taxation Association 23 (9): 70 – 94.

139. Qian Y and Roland G Y., 1996, "The Soft Budget Constraint in China", Japan and the World Economy 8 (2): 207 – 223.

140. Roll R., 1986, "The Hubris Hypothesis of Corporate Take-

overs", The Journal of Business 59 (2): 197 - 216.

141. Russo J. E. and Schoemaker P J H. , 1992, "Managing Overconfidence", Sloan Management Review 33 (2): 7 - 17.

142. Shefrin H. , 2007, "Behavioral Corporate Finance: Decisions That Create Value", Working Paper.

143. Sinha P C, and Ghosh S K. , 2010, "Macroeconomic Variables and Firms' Adjustment Speed in Capital Structure Choice: Indian Evidence", The IUP Journal of Applied Finance 16 (4): 29 - 50.

144. Statman M. and Tyebjee T. T. , 1985, "Optimistic Capital Budgeting Forecasts: An Experiment", Financial Management 14 (3): 27.

145. Strebulaev I. A. , 2007, "Do Tests of Capital Structure Theory Mean What They Say?", The Journal of Finance 62 (4): 1747 - 1787.

146. Titman S. and Tsyplakov S. , 2007, "A Dynamic Model of Optimal Capital Structure", Review of Finance 11 (3): 401 - 451.

147. Tserlukevich Y. , 2008, "Can Real Options Explain Financing Behavior?", Journal of Financial Economics 89 (2): 232 - 252.

148. Uysal V. B. , 2011, "Deviation from the Target Capital Structure and Acquisition Choices", Journal of Financial Economics 102 (3): 602 - 620.

149. Vermaelen T J and Xu M. 2010, "How Do Firms Make Capital Structure Decisions", Working Paper.

150. Warr R. S. , Elliott W. B. , Koëter - Kant J. and Öztekin Ö. , 2012, "Equity Mispricing and Leverage Adjustment Costs", Journal of Financial and Quantitative Analysis 47 (3): 589 - 616.

151. Weinstein N. D. , 1980, "Unrealistic Optimism about Future

Life Events", Journal of Personality and Social Psychology 39 (5): 806 – 820.

152. Welch I., 2004, "Capital Structure and Stock Returns", Journal of Political Economy 112 (1): 106 – 132.

致　　谢

2012 年我有幸考入了中国人民大学，开始了在北京的求学之路。这本专著凝结了我在博士三年学习中的探索和思考。入学之前就已经做好了“路漫漫其修远兮，吾将上下而求索”的心理准备。然而，每一个研究人员在探索真理的道路上，总会经历诸多艰辛和不易。幸运的是，周围有恩师、领导、家人和好友一路指点和鼓励，让我从青涩逐渐走向成熟，并对科研工作由陌生到了解，最后产生浓厚的热爱。

在著作付梓之际，想要感谢的人很多！首先，要感谢我的导师姜付秀教授，带领我学习科学的思维方法，培养了浓厚的学术兴趣和良好的研究习惯。这本书中无论行文构思还是研究设计，都有老师的言传身教和谆谆教诲。

还要感谢首都经济贸易大学会计学院的崔也光院长、解小娟书记、顾奋玲副院长、李百兴副院长以及孙军鹏老师、林乐老师等，他们不仅为学院营造了轻松、愉快的研究环境，而且为书稿的出版和修订工作提供了宝贵机会和建议。

感谢王化成教授、孙茂竹教授、况伟大教授、李焰教授和张敏副教授等。作为人民大学商学院的杰出教师代表，他们不仅虚怀若谷而且拥有深刻的见解和扎实的科研基础。感谢他们在我博士开题和预答辩中提出了许多宝贵意见，对书稿的改进帮助很大。

感谢黄继承师兄和朱冰师姐，他们平日在我的研究设计和方法上给予了很多无私的指导和帮助。

感谢经济科学出版社的谭志军主任，他不辞辛苦，兢兢业业，使得本书能够顺利出版。

还要感谢我的家人，他们为我的成长付出了太多，给予我最大的关爱和支持，鼓励我充满信心，以乐观的心态面对一切，在梦想的道路上执着追求。

本书是国家自然科学基金青年项目（71702117）、北京市教育委员会社会科学研究计划项目（SM201710038003）以及首都经济贸易大学中青年骨干教师计划资助下的阶段性成果，在此一并感谢。

林慧婷

2018年3月6日